AF331504

N°. il y a une autre édition de cet ouvrage de 1588. qui est parfaitement semblable à celle ci et qui n'est qu'une contrefaction.

ORCHESOGRAPHIE,

METODE, ET TEORIE

EN FORME DE DISCOVRS ET TABLATVRE

POVR APPRENDRE A DANCER, BATTRE LE

Tambour en toute sorte & diuersité de batteries, Iouër du fifre & arigot, tirer des armes
& escrimer, auec autres honnestes
exercices fort conuenables
à la Ieunesse.

AFFIN

D'estre bien venue en toute Ioyeuse compagnie & y monstrer sa dexterité
& agilité de corps.

Par Thoinot Arbeau demeurant a Lengres.

Tempus plangendi, & tempus saltandi.
Eccle. 3.

A LENGRES,

Par Iehan des Preyz Imprimeur & Libraire. tenant sa bouti-
que en la ruë des merciers dicte les Pilliers.

M. D. XCVI.

Auec Priuilege du Roy.

A MAISTRE GVILLAVME TA-
BOVROT FILZ DE FEV NOBLE HOMME
& sage maistre Estienne Tabourot,
Cõseillier du Roy nostre sire, & son
Procureur au Bailliage de Dijon,
sieur des Accordz.

Ernierement que ie stois à Dijon, voyant les armories De vostre noble famille, ou sont vn liõ de sable en vn chef d'argent, & trois tambours auec vn cheuron d'or en champ d'azeur, il me souuiens qu'entre les papiers reiectez & brouillez, que i'ay recuillez, aultreffois soubz feu maistre Thoinot arbeau demeurant à Lengres mon premier maistre, il y auoit certains discours qui parlent du tambour, que ie proposay deslors vous enuoyer si tost que ie serois de retour audict Lengres. Et aduenu que les feuilletant de plus prez, i'ay treuué qu'ilz parlent principallement des dances, & accessoirement du tambour. I'ay imprimé le tout que ie vous enuoye, encor que le dict sieur Arbeau m'eust deffendu de ce faire, disant telles choses qu'il auoit brouillées seullement pour tuer le temps, ne meriter l'Impression & encor moings vous estre presentées: toutefois, i'ay estimé que prenant ceste hardiesse de le vous presenter, i'auray cet heur de vous faire penser que i'ay bonne affection de vous seruir en quelque chose de meilleur.

Vostre humble seruiteur
Iehan des Preyz.

DIALOGVE DE LA DAN-
CE ET MANIERE DE DANCER,
Par Thoinot arbeau, demeurant à Lengres

Capriol.

ONsieur Arbeau, ie vous viens saluer, vous ne me cognoissez plus, il y à six óu sept ans que ie partiz de ce lieu, de Lengres pour aller a Paris, & de là à Orleans: ie suis vostre disciple à qui vous aprinstes le compot.

Arbeau.

Certes de premier front ie vous ay mescogneu, parce-que vous estes deuenu grand depuis ce temps là: & croy que vous auez aussy agrandy vostre esprit par vertuz, & sciences : Que vous semble de l'estude des loix?i'y ay estudié aultreffois.

Capriol.

Ie treuue que c'est vn art fort beau & necessaire a la chose publique, mais ie me repens qu'estant à Orleans i'ay negligé d'apprendre la ciuilité, de laquelle plusieurs escoliers se munissenr, pour accompaigner leur scauoir, car estant de retour, ie me suis treuué ez compaignies, óu ie suis demeuré tout court sans langue & sans piedz, estimé quasi vne buche de bois.

Arbeau.

Vostre reconfort a esté que les vieux docteurs vous ont excu sé faisans ce pendant compte du scauoir que vous auez acquis.

Capriol.

Il est ainssy, mais i'eusse bien acquis la dexterité de dançer,aux heures que lon intermect l'estude graue,chose que me rendroit voulontiers veu d'vn chacun.

A ij

Arbeau.

Ce vous fera chofe facile à acquerir en lifant les liures françois pour vous aguifer le beq, & aprenant l'efcrime, la dance, &
le ieu de paulme, pour auoir familiarité auec les hommes, & les
dames.   *Capriol.*

I'ay prins plaifir en l'efcrime & ieu de paulme, ce qui me rend
bien voulu & familier des ieufnes hommes: Mais i'ay deffault
de là dance pour complaire aux damoifelles, defquelles il me
femble que depend toute la reputation d'vn ieufne homme à
marier.   *Arbeau.*

Vous le prenez fort bien, car naturellement, le maffe & la fe-
melle fe recherchent: & n'y a chofe qui plus incite l'homme à
eftre courtois, honnefte, & faire acte genereux que l'amour: &
fi voulez vous marier, vous debuez croire qu'vne maiftreffe fe
gaigne par la difpofition & grace qui fe voit en vne dance, car
quant à l'efcrime & au ieu de paulme, les dames ny veuillent af-
fifter de crainte d'vne efpée rompue, ou d'vn coup d'eftœuf,
qui les pourroit endommager: vous fouuient il pas des vers vir-
gilians parlans de Turnus, & de la belle Lauinia fille du ROY
Larinus fa maiftreffe.

Illum turbat amor, figitque in virgine vultus:

Ardet in arma magis. &c.

Il y a bien plus, car les dances font practiquées pour cognoiftre
fi les amoureux font fains & difpos de leurs membres, à la fin
defquelles il leur eft permis de baifer leurs maiftreffes, affin que
refpectiuement ilz puiffent fentir & odorer l'vn l'aultre, filz ont
l'alaine fouefue, & filz fentent vne fenteur mal odorât, que l'on
nôme l'efpaule de mouton. de façon que de cêt endroict oultre
plufieurs commoditez qui reüfiffent de la dance, elle fe treuue
neceffaire pour bien ordonner vne focieté.

Capriol.

I'ay bien confideré quelqueffois ce que venez de dire, & que

non fans caufe,ez republiques on auoit admis les ieux & les da-
ces, mais ce que m'en a degoufté, c'eft que plufieurs ont vitu-
peré les dances, voires mefmes treuué deshonnefte deles re-
garder comme eftant acte muliebre, indigne de la grauité de
l'hôme, i'ay leu que Ciceron fit reproche a Gabinius conſulaire
qu'il auoit dancé. Tiberius chaffa de Romme les danceurs. Do-
mitian ofta du nombre des fenateurs, aucuns qui auoient
dancé. Alphonfe roy d'arragon blafmoit les gaulois parce qu'il
les voioit delecter aux dances. Le S. prophete Moyfe fe cour-
rouça voyant dancer les enfans d'Ifrael.

Arbeau.

Pour vn qui les â blafmées, vne infinité d'aultres les ont louées
& eftimées. Le S. prophete royal dauid dáça au deuát de l'arche
de Dieu: Et pour le regaid du S. prophete Moyfe, il ne fe cour
rouça pas de veoir dancer, mais il eftoit marry que ce fuft a-len-
tour d'vn veau d'or, qui eftoit vne ydololatrie: Quant a Ciceró il
auoit des varices & iambes enflées, & blafmoit ce qu'il n'euft
fceu faire, difant qu'il ne voioit guieres dácer ceulx qui eftoiér
á ieun. Appius claudius ayant triumphé, les appreuua. Les indes
faluent le foleil en dançant, Et ceulx qui ont voyagé ez terres
neufues rapportent que les fauuages dancent quant ilz aperçoi
uent le foleil fe monftrer fur l'orizon. Socrates apprint a dancer
de Afpafia. Les faliens trefnobles prebftres de Mars dançoient
en leurs facrifices. Les choribantes en frigie. Les lacedemoniés
& ceux de Crete n'alloient a l'affault contre leurs ennemis finó
en dançant. Vulcan graua fur vne targue vne dance cóme chofe trefbelle a veoir. Mufeus & Orpheus, voulurent que leurs
hymnes qu'ilz auoient compofées en l'honneur des dieux, fuffent chantées auec dances. Bacchus conquefta les indes, par
trois fortes de dances. En l'eglife primitiue la couftume con-
tinuée iufques en noftre temps, a efté de chanter les hymnes
de noftre eglife en dançant & ballant, & y eft encor en plufieurs

A iij.

ORCHESOGRAPHIE

lieux obseruée. Pollux & Castor, aprindrent les Cariens à dancer. Neoptolemus filz d'Achiles enseigna vne danceappellée
la pirrichie a ceulx de crete pour sen aider en la guerre. Epami
nundas en vsoit fort dextrement, au choq d'vne bataille, affin
que tous ensemble marchassent contre l'ennemy. Xenophon
rapporte que lő fit dances & mascarades pour recepuoir les ca
pitaines de Cirus. Les roys & princes, cőmádent dances & mascarades, pour festoier, recepuoir, & faire recueil ioyeux, aux
seigneurs estrangiers. Nous practiquőstelles resiouissances aux
iours de la celebration des nopces, & ez solemnités des festes
de nostre Eglise, encor que les reformez abhorrent telles choses mais ilz meriteroient d'y estre traictez de quelque gigot do
bouc mis en paste sans lard.

Capriol.

Vous me mectez en volűté d'y apprendre & me faictes repen-
tir que ie n'y ay appliqué quelques heures gaillardes, car on
peult prendre plaisir honneste sans se maculer de luxure & mau
uaises affections. Il me souuient que le poëte mect les danceurs
entre les bien heureux,　disant en son sixieme des Æneides,

Pars pedibus plaudunt choreas & carmina dicunt.

Arbeau.

Vous pouuiez encor alleguer, que nostre seigneur (en Sainct
Mathieu vnziesme & Sainct Luc 7) reprochoit aux pharisiens,
rebours & mal affectionnez, *Nous auons chanté & flatté, & vous*
n'auez pas dancé. Ie vous diray, il vous fault faire comme fit De-
mettrius lequel ayant blasmé les dances, aprés qu'il eut veu dã-
cer vne mascarade en laquelle ő represétoit l'adultere de Mars
& Venus, confessa qu'il n'y auoit si belle chose au monde. Vous
pouuez en peu de temps recouurer ceste perte cősideré mesme
ment que vous estes musicien, & que la dance est dependant
de la musique & modulations d'icelle, qui est vn des sept artz
liberaux.　　　　　　　　　　　　　　### Capriol.

Ie vous prie donq monsieur Arbeau, m'en apprédre quelque
chofe car ie fcay bien que vous eltes muficien & qu'auez en vo
ftre ieuneffe receu la reputation d'eftre bon danceur, & fort deu
tre a mil gaillardifes　　　　　　*Arbeau.*

Dance vient de dancer, que lon dit en latin *Saltare:* dancer c'eft
à dire faulter, faultelocer, caroler, baler, treper, trepiner, mouuoir & remuer les piedz, mains, & corps de certaines cadances, mefures, & mouuementz, confiftans en faultz, pliement
de corps, diuarications, claudications, ingeniculations, eleua-
tions, iactations de piedz, permutations & aultres contenances
defquelles Atheneus, Celius, Scaliger, & aultres font mention:
aulcunefois on y adiouxte les mafques pour monftrer les geftes
d'vn perfonnage que lon veult reprefenter. Lucian en à faict
vn traicté, ou vous pourrez veoir ce qu'il en dit plus au long:
Iulius pollux en faict femblablement vn chappitre bien ample.

Capriol.

Ie penfe auoir quelqueffois faict lecture de ces aultheurs, &
aultres femblables: et fi i'ay bonne fouuenance ilz recitent trois
fortes de dances, vne graue, nommée Emmelie: vne gaye, qu'ilz
nomment Cordax: vne aultre nommée Sicinnis, entremeflée
de grauité & gaieté: ilz parlent auffi de la dance nommeé Parri-
chie & plufieurs aultres fortes, comme il me fouuiét auffi qu'ilz
font mention de plufieurs fortes de mafcarades, mefmement
d'vne qu'ilz appelloient la Tricorie, compofée de trois chœurs
& affemblées de vieulx, d'adolefcétz: & de ieufnes enfans, qui
chantoient, nous auons efté, nous fommes, & nous ferons. Ie
comprendz bien tout cela en generale notió, mais ie vouldrois
eftre apris de quelz piedz & mouuementz cela fe faifoit, apre-
nez le moy s'il vous plaif.

Arbeau.

Anthoyne arena prouençal à eleript ce que vous demandez
en vers macaronées.　　　　　　*Capriol*

ORCHESOGRAPHIE

En ces vers que vous dictes il á parlé du moûuement qu'il
fault tenir aux branfles, & baffes dances feullement, & des contenances que doibuent obferuer les danceurs, mais la neceffité
des vers la rendu obfcur, occafion de quoy, ie vous prie m'en e-
clarcir dauantage.   *Arbeau.*

Quant aux dances anciennes, ie n'en fcaurois que dire, car
l'iniure du temps ou la pareffe des hommes ou la diffi
culté de les defcripre a efté caufe de nous en ofter la cognoiffance, & auffi vous n'en debuez auoir foucy, parce que tel
les façons de dancer font hors de practique, voires nous auons
veu du temps de noz peres, aultres dances que celles de prefent
lefquelles en font de mefmes tant font les hommes amateurs
de nouueaultez: il eft vray que nous pouuons comparer lemme
lie a noz pauanes, & baffedances: le cordax, aux gaillardes, tor-
dions, voltes, corantes, gauottes, branfles de champaigne & de
bourgoigne, branfles gayz & branfles couppez. Le Siccinnis
aux branfles doubles & branfles fimples. La pirrichie a la dance
que nous appellons bouffons ou matachins.

Capriol.

Ie preuoy donq que noftre pofterité fera ignorante de toutes ces nouuelles dances que venez de nommer, par les mefmes caufes qui nous ont efté la cognoiffance de celles de noz
anciens.

Arbeau.

Il le fault ainfi coniecturer.

Capriol.

Monfieur arbeau ne permettez cela de voftre pouuoir puis
que y pouuez remedier: mettez en quelque chofe par efcript
cela fera caufe que i'apprendray cefte ciuilité, & en l'efcriuant,
il vous femblera raieunir & auoir les mefmes compaignies
qu'auiez en voftre ieuneffe, & prendrez aultant dexercice
d'efprit & du corps auffi, car difficillement vous abftiendrez

vous

vous de remuer les membres, pour m'enseigner les mouueméts
y necessaires: Vray est que vostre methode d'escripre est telle,
qu'en vostre absence, sur vos theoriques & preceptes, vn disciple pourra seul en sa chambre apprendre vos enseignements.
Et en premier lieu ie vous veulx prier, me dire en quelle estime
la pluralité des gens d'honneur tient la dance.

Arbeau.

La dance ou saltation est vn art plaisant & proffitable, qui
rend & conserue la santé, conuenable aux ieusnes, aggreable
aux vieux, & bien seant a tous, pourucu qu'on en vse modeste
ment en temps & lieu, sans affectation vicieuse: ie dis en temps
& lieu, parce qu'elle apporteroit mespris a celluy qui comme
vn pillier de salle y seroit trop assidu. Vous sçaués que dit l'ec-
clesiaste.   *Cum muliere saltatrice non sis assiduus.*
Les enfans des senateurs romains au sortir des escolles alloient
apprendre à dancer.   Homere tesmoigne la dance estre vne
partie & appendice des banquets, tellement que personne ne
se peult vanter d'auoir accomply vn braue festin, s'il n'y à appliqué la dance: laquelle est comme vn corps entier accompaigné
de son bel esprit, si on y ioinct les masquarades. Quant on reci-
toit dedás les theatres áciennement les tragœdies, comœdies,
& bergeries, les dances & gesticulations n'y estoient oubliées,
en la partie desdicts theatres qui pour ceste occasion estoit appellée Orchestre: que nous pourrions appeller en nostre langue
françoise, le dançoir.

Capriol.

Puis que c'est vn art, il depend donq de l'vn des sept arts libe-
raulx.

Arbeau.

Ie vous ay ia dit, quelle depend de la musique & modulation
d'icelle: car sans la vertu rithmique, la dance seroit obscure &
confuse: daultant qu'il fault que les gestes des membres accom

paignent les cadances des inftruments muficaulx , & ne fault
pas que le pied parle d'un, & l'inftrument daultre. Mais princi-
pallemeut tous les doctes tiennent que la dance eft vne efpece
de Rhetorique muette, par laquelle l'O'rateur peult par fes mou
ueméts, fans parler vn feul mot, fe faire entendre , & perfuader
aux fpectateurs, quil eft gaillard digne d'eftre loué, aymé, &
chery. N'eft ce pas à voftre aduis vne oraifon qu'il faict pour
foy-mefme, par fes pieds propres, en gendre demonftratif? Ne
dit il pas tacitement à fa maiftreffe (qui le regarde dançer honneftement & de bonne grace) aymés moy, defirés moy? Et quát
les mafquarades y font ioinctes, elle ha efficace gráde de mouuoir les affections, tantoft à cholere, tantoft à pitie & commife-
ration, tantoft à la hayne, tantoft à l'amour. Cóme nous lifons
de la fille d'Herodias, laquelle obtint ce quelle demanda au Roy
Herode Antipe, aprés quelle eut dancé au báquet magnifique
qu'il fit aux princes de fó royaulme à mefme iour qu'il eftoit né
Comme aufli Rofcius le faifoit bien paroiftre à Ciceron, quant
il adjançoit fes geftes & actions muettes de telle façon, qu'au
iugement de ceulx qui en eftoient arbitres, il mouuoit aultant
ou plus les fpectateurs, que Ciceron eut peu faire par fes elo-
cutions oratoires.

Capriol.

Rofcius eftoit vn hiftrion, & me femble que nos loix tiennent
telles gens notés d'infamie.

Arbeau

Rofcius eftoit tenu & reputé (par meffieurs du fenat, & par
tous les romains qui affiftoient ordinairement au theatre pour
le veoir) fort honnefte & habille homme: tellement que quant
on vouloit alleguer quelque artifant parfaict, on difoit
que c'eftoit vn Rofcius en fon art. Ciceron plaida pour lůy en
vne caufe qu'il auoit contre Fannius, & obtint victoire par la
faueur de tout le fenat, qui l'aimoit, prifoit, & honoroit.

Ceulx veritablement lesquels pour gaigner argent, admettent
vn chacun indifferemment à veoir leurs ieuz & farces, sont
comptez entre les infames: mais la loy n'y à iamais compris
ceulx qui s'exhibent gratuitement, pour se donner du plaisir,
& recreer les Roys, les Princes, les seigneurs, les habitans d'vne
ville, ou quelques compaignies particulieres: soit par actiós de
tragœdies, comœdies, & bergeries, represétèes a visage decou
uert ou par dáces qu'on faict auec musiques, ou aultres vestures
& portementz gratieux, par maniere de resiouissance: & ainsi
le resoult l'Empereur en l'vnzieme du Code, au chappitre des
Ieuz publiques.

Capriol.

Ie croy fermement qu'il se doibt ainsi entendre. Ne tardés
donc plus dauantage à exaulcer ma requeste, & me deduisés
par le menu, comme se font les mouuements des dances, affin
que ie m'y exerce: & qu'il ne me soit reproché ce que disoit
Lucian à Craton, que i'aye vn cœur de porc, & vne teste d'asne.

Arbeau.

Lucian n'adresse ce reproche, à ceulx qui ne veuillent, ou
bien qui veuillent, mais ne peuuent apprendre cét art, mais il
attaque ceulx qui le veuillent blasmer & regetter, comme
action mauuaise, non considerans, qu'il en est de deux sortes:
les vnes seruent à la guerre, force, & deffence de la republique,
les aultres sont recreatiues & ont auec soy vne vertu d'attirer
les cœurs & concilier l'amour, & sont vn préparatif & cautelle
(comme ie vous ay ia dit) pour cognoistre si les personnes sont
point malesiciées de goutes ou loups és iambes, & si elles ont
bonne contenauce & modeste. Nous lisons que Clistenes ayát
veu dançer & morguer impudemment Hypochde. luy refusa
sa fille en mariage disant qu'il auoit dedancé les nopces.

Capriol.

Dieu mercy ie n'ay point telles infirmités & n'ay qu'vne sœur
B ij.

ORCHESOGRAPHIE

qui est aagée de douze ans que i'y feray apprendre quant vous
m'aurés enseigne.

Arbeau.

Galien dit en son liure du regime de la santé, que toute chose
naturellemét desire de se mouuoir, & que lon se doibt exercer
par mouuements doulx & temperés comme est la dance, que
ceulx d'Ionie iuuentérent à cêt effect:pour çeste occasion elle
sert grandement à la santé, mesmement des ieusnes filles,
lesquelles estans ordinairement sedentaires, & ententiues à
leur lanifice, broderies, & ouurages desguille, font amas de
plusieurs mauluaises humeurs, & ont besoing de les faire exha-
ler par quelque exercice temperé.

Capriol.

La dance leur est vn exercice propre car elles n'ont pas liber-
té de se promener, & aller ça & la dehors & dedans les villes,
ainsi que nous póuuons faire sans reprehension, tellement que
n'en auons besoing cómme elles: neantmoings, ie suis desireux
d'apprendre cêt art si ancien & si honneste & profitable.

Arbeau..

Pour vous complaire ie vous en diray ce que i'en scay encor
qu'il me sera mal seant(en l'aage de soixante neuf ans ou ie suis)
de traicter & practiquer telle matiere.
Parlons donq premierement de la dance guerriere, puis nous
parlerons de la recreatiue. Les instruments seruants a la marche guerriere, sont les buccines & trompettes litues & clerons
cors & cornets, tibies, fifres, arigots, tambours, & aultres semblables, mesmement lesdicts tambours.
Le tambour des perses (duquel vient aulcungs allemands le
portans à l'arçon de la selle)est composé d'vne demyesphere de
cuyure bouchée d'vn fort parchemin, d'enuiron deux pieds &
demy de diametre: & faict bruit comme d'un tonnerre, quant
ladicte peau est touchée auec batons.

Le tambour duquel vſent les françois [aſſés cogneu par vn cha-
cun] eſt de bois caue long d'enuiron deux pieds & demy, eſtou
pé d'vn couſté & d'aultre de peaulx de parchemin, arreſtées
auec deux cercles denuiron deux pieds & demy de diametre,
bandées auec cordeaux affin qu'elles ſoient plus roides: & faiᒿ
[comme vous pouuez auoir ouy pluſieurs fois] vn grand bruit,
quant leſdiᒿes peaulx ſont frappées auec deux battons que cel
luy qui les bat tient en ſes mains. La figure en eſt aſſés cogneue
à vn chacun, touteffois ie la mettray icy puis que nous en ſommes en propos.

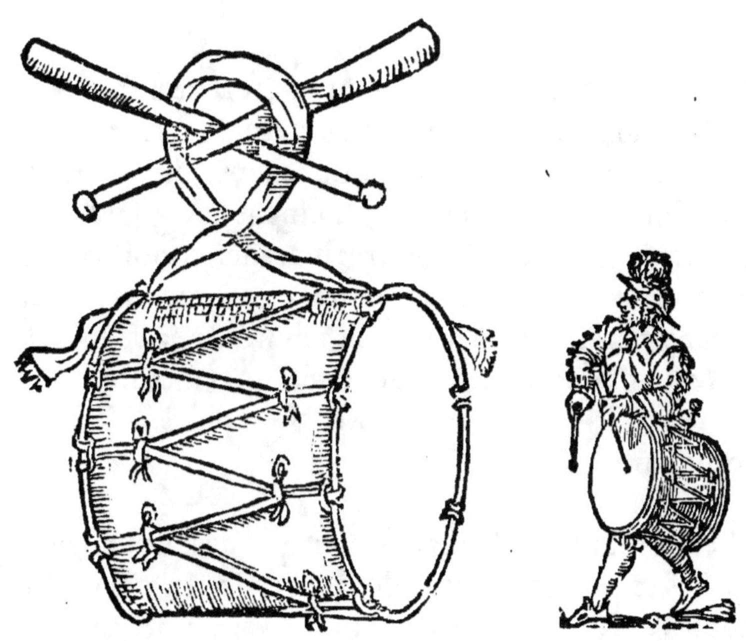

Capriol

Vous meᒿés des petits liens & boucles, à chacune reflexion
des cordeaux du tambour.

Arbeau.

B iij.

C'est poûr bander les peaulx quant on le veut batre, en approchant lesdicts liens prés du meillieu : & pour les desbander quant on le veut laisser à repos en approchant lesdicts liens des cercles & bords, Ie ne scay si les enfans d'Israel vsoient du tambour à vn fonds, comme on faisoit à Romme au sacrifice de la mere des dieux, mais le quinzieme chappitre d'Exode rapporte, que Marie sœur de Moyse & d'Aaron, battoit fort bien le tambour. Virgile au sixieme de l'Æneide parlant de Misenus, trompette d'Hector, puis d'Ænée, dit ces mets,

Quo non praestantior alter

Aere ciere viros, martemque accendere cantu.

Et peu apprés.

Et lituo pugnas insignis obibat, & hasta.

Le bruict de tous lesdicts instruments, sert de signes & aduertissements aux soldats, pour desloger, marcher, se retirer : & à la rencontre de l'ennemy leur donne cœur, hardiesse, & courage d'assaillir, & se deffendre virilement & vigoureusement. Or pourroient les gens de guerres marcher confusémét & sans ordre cause qu'ils seroient en peril d'estre réuersés & deffaicts, pourquoy nosdicts françois, ont aduisé de faire marcher les rencs & iougs des escouades auec certaines mesures.

Capriol.

Comment cela.

Arbeau.

Vous estes musicien, & scaués bien que c'est des mesures, du temps, les vnes sont binaires, les aultres sont ternaires, & que de toutes ces deux sortes de temps il en y à de pesantes, de moyennes, & de concitées

Capriol.

Cela est vray.

Arbeau.

Vous me confesserés que si trois hommes se promenoient &

marchoient enſemble, & chacun deulx vouloit aller à part ſelõ
l'vne des trois diuerſités ils ne l'accorderoient pas: car il fauldroit que tous trois marchaſſent, ou vittement, ou bellement,
ou mediocrement.

Capriol.

Il n'y à point de doubte.

Arbeau.

C'eſt pourquoy, en la marche de la guerre, le françois à faict
ſeruir le tambour pour tenir la meſure, ſuyuant laquelle les ſoldats doibuent marcher, combien que la plus grand part des
ſoldats n'y ſont guieres bien exercés, non plus qu'en tout le
reſte de l'art militaire, mais pour cela ie ne laiſſeray d'en eſcrip-
re les modes.

La meſure & battement du tambour, contient huict minimes
blanches, deſquelles les cinq premieres ſont battues & frappées
ſcauoir les quatre premieres chacune d'vn coup de baſton,
ſeul & la cinquieme des deux battons tout enſemble, & les
trois aultres ſont teues & retenues, ſans eſtre frappées.

Pendant le ſon & battement de ces cinq blanches & trois ſouſpirs le ſoldat faict vne paſſée, c'eſt a dire, il paſſe & extend ſes
deux iambes tellement que ſur la premiere notte, il poſe &
aſſiet ſon pied gaulche, & durant les trois aultres nottes, il leue
le pied droict, pour le poſer & aſſeoir ſur la cinquieme notte, &
durant les trois ſouſpirs qui equipolent a trois nottes, il releue
ſon pied gaulche pour recommancer vne aultre paſſée comme
auparauant: Et ainſi conſequemment tant que le chemin dure
en ſorte qu'en deux mil cinq cents battements de tambour le

foldat marche la longueur d'vne lieue.

Capriol.

Pourquoy faictes vous marcher le pied gauche le premier?

Arbeau.

Parce que la plus grand part des hommes font droictiers, & que le pied gaulche eft le plus foible, & s'il aduenoit que le pied gaulche vacilaft par quelque inconuenient, le pied droict feroit incontinent preft pour le foulager.

Capriol.

Il me femble qu'vne paffée, en latin *paffus* eft dicte de l'expanfion des deux bras, & non des deux pieds,

Arbeau.

Regardés bien & treuuerés en le mefurant que la paffée des deux pieds eft de mefme longueur, que l'expanfion ou extenfion des deux bras, que les geometriens eftiment eftre de cinq pieds

Capriol.

Vous forcomptés vous point, de dire qu'il fault pour vne lieue marcher deux mil cinq cents battements de tambour car la lieue ne tient que deux mil paffées qui font deux mil batteméts de tambour à prendre comme vous dictes, à chacun battement de tambour vne paffée.

Arbeau.

Vne feulle paffée, tient veritablement cinq pieds, & en fault deux mil pour la lieue, mais quant on faict foubs le tambour plufieurs paffées l'vne aprés l'aultre, chacune paffée n'a que quatre pieds, d'aultant que le pied de la cadance de la premiere paffée fert de pofition à la deuxieme: & ainfi de paffée en paffée tellement que lefdictes paffées ne contiennent chacune que quatre pieds, & par ainfi fault pour vne lieue deux mil cinq céts paffées, qui font deux mil longueurs de cinq pieds geometriques.

Capriol.

Capriol.

Ie le comprends fort bien maintenant.

Arbeau,

Oultre ce vous debués penfer que quant les battements du tambour font diuerfiffiés, ils en font plus aggreables, & pour cefte caufe ceulx qui le battent meฐent quelqueffois les cinq minimes bláches & les trois foufpirs comme deffus à efté noté, quelqueffois en lieu des blanches, ils meฐent deux minimes noires ou quatre crochues, comme il leur vient en phantafie, mais ce pendant il fault que la cinquieme notte foit entiere blanche, fi ce n'eft qu'ils veuillent continuer deux ou trois ou plufieurs battements, car lors il ne font point les trois foufpirs fors au dernier.   *Capriol.*

I'entends quafi cecy, mais ie vouldrois bien auoir exemple de ces diuerfités.

Arbeau.

Les diuerfités fe font par les entremeflements des bláches, noires, & crochues.   *Capriol.*

Donnés m'en veoir vne lifte, ou tabulature.

Arbeau.

Vous fcaués bien qu'vne minime blanche emporte deux noires: & qu'vne minime noire emporte deux crochues: ainfi pendant le temps d'vne blanche, on en peult battre deux noires ou quatre crochues:& pour le mieulx remarquer appellons le fon d'vne minime blanche qui fe faiฐ par vn coup de baftón appellons le dis-ie Tan. ou Plan. Et le fon de deux minimes noires, qui fe faiฐ par deux coups de baftons appellons le Tere, & le fon de 4 crochues qui fe faiฐ par 4 coups de baftós Fre. Entremeflons puis aprés ces diuerfités les vnes auec les aultres, & nous en treuuerons de maintes fortes defquelles voicy vne tabulature. en laquelle vous choifirés les fortes qui vous plairont le mieulx.

C

Tabulature contenant toutes les diuersités des battements du tambour.

La premierre façon, eſt compoſée ſeullement de cinq Tan. comme deuant à eſtê notté.

Les aultres battements ſont compoſés par les meſlanges de Tan auec Tere, Dudiçt Tan auec Fre, & des trois enſemble Tan, Tere, & Fre.

Et premierement meſlange de quatre Tan, & vn Tere, ſe peult faire en quatre ſortes.

Meſlange de trois Tan, & deux tere.

Meſlange de deux Tan, & trois Teré.

C ij.

Aultre meſlange de quatre Tere & vn Tan, laquelle ne ſe peult diuerſiffier aultrement, parce qu'il fault par neceſſité que le Tan ſoit à la fin pour faire la cadance.

Meſlange de quatre Tan & vn Fre.

Meſlange de trois Tan & deux Fre, lequel reçoit ſix diuerſités ainſi qui ſenſuit.

Meſlange de deux Tan & trois Fre lequel on peult diuerſiffier en quatre ſortes.

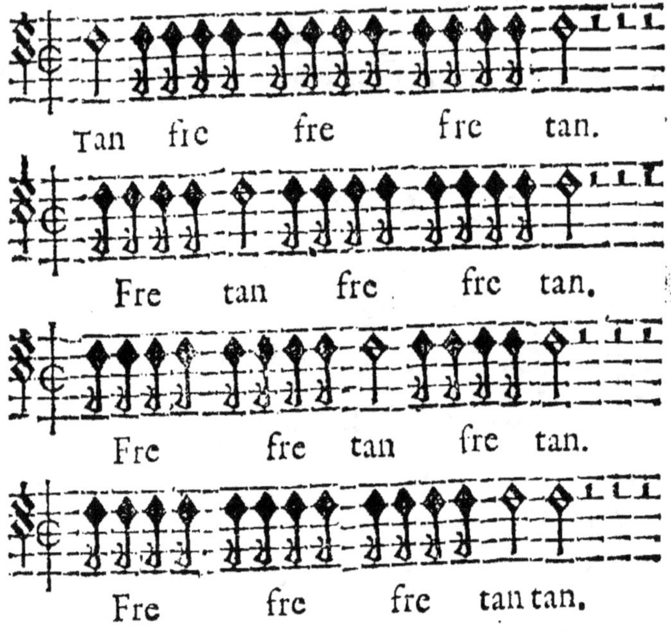

Aultre batement compoſé de quatre Fre, & vn Tan lequel ne ſe peult aultrement diuerſiffier.

Meſlange de trois Tere & vn Fre, auec le Tan final.

Capriol

Ie croy que le tambour ne ſcauroit faire aultres diuerſités de battemens que ceulx qu'aués declaré cy deſſus.

Arbeau.

La deduction vous en á eſté ennuyeuſe, mais il en y à encor d'aultres que i'acheueray affin de ne laiſſer imparfaict ce que i'en ay commencé.

Meſlange de deux Tere, & deux Fre, auec le Tan final.

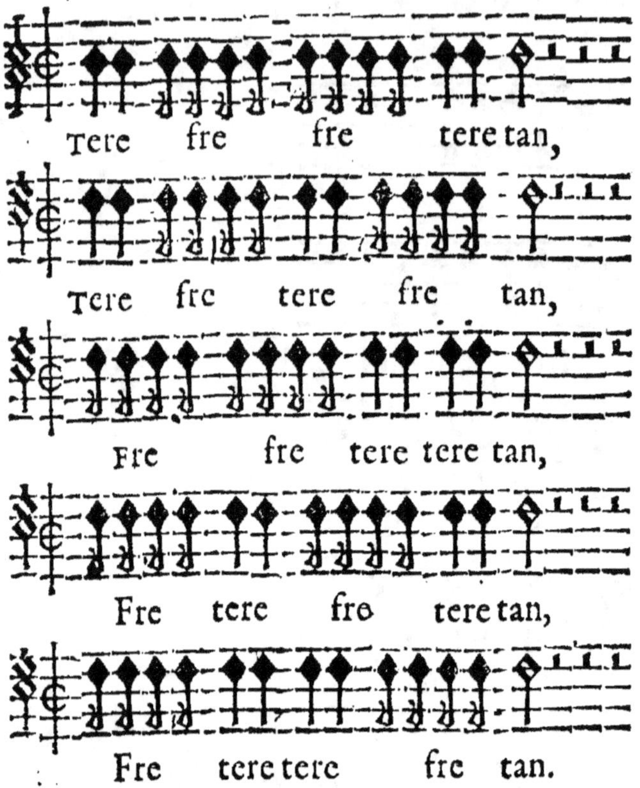

Meſlange d'vn Tere & trois Fre, auec le Tan final, lequel on peult diuerſiffier en quatre ſortes, aprés leſquelles ie vous deduiray le reſte des aultres meſlanges.

Fre

Meſlange de trois Tan, vn Tere & vn Fre, de laquelle ſont faiƈtes & compoſées, les diuerſités que ſenſuyuent en nombre de
douze.

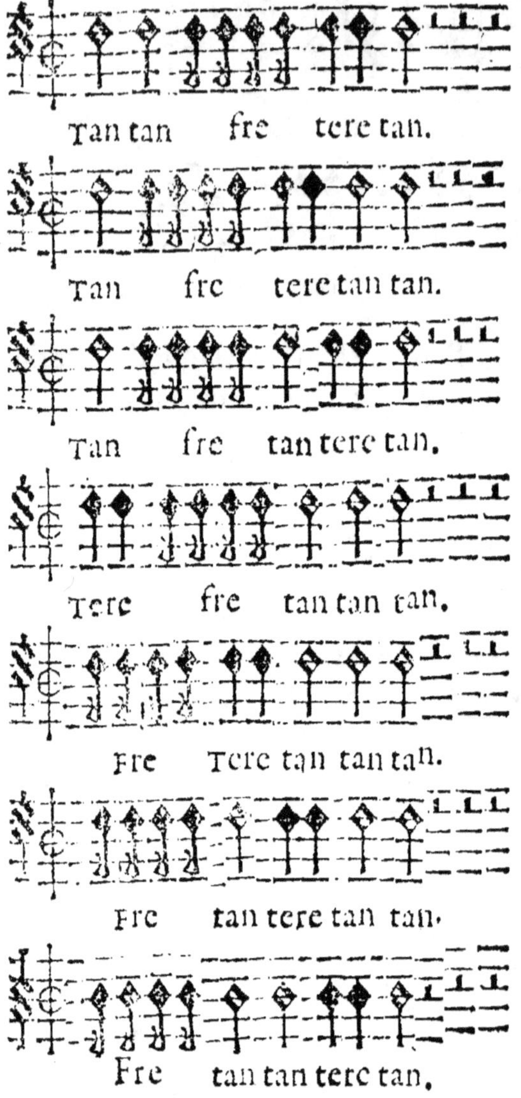

Meſlange de deux Tan, deux Tere, & vn Fre, de laquelle ſont faictes & compoſées les diuerſitez qui s'enſuyuent, & ſont en nombre de douze.

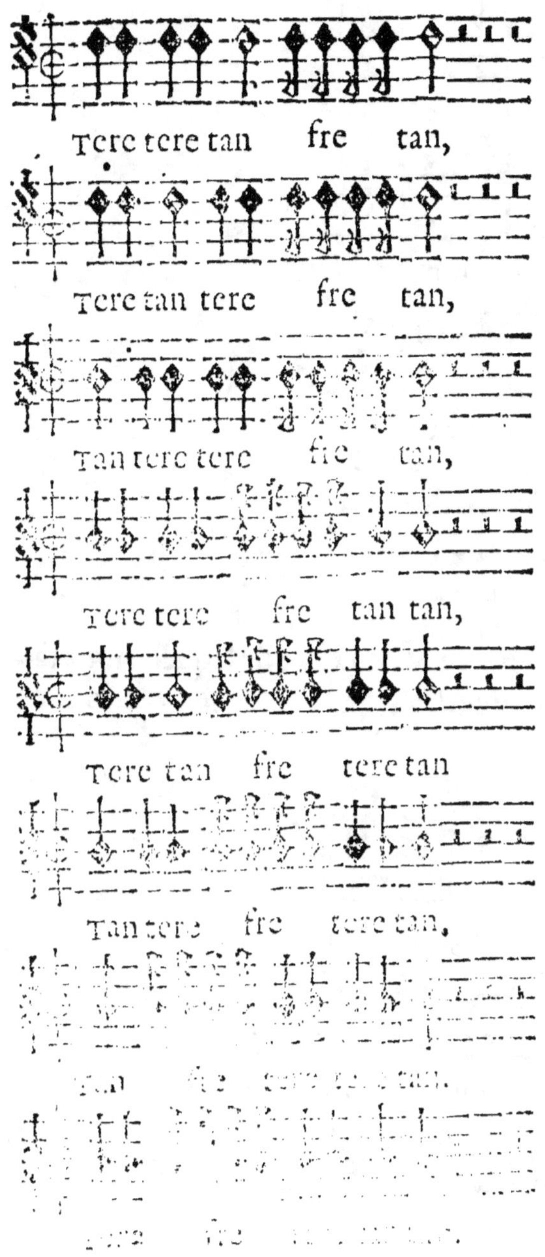
Tere tere tan fre tan,
Tere tan tere fre tan,
Tan tere tere fre tan,
Tere tere fre tan tan,
Tere tan fre tere tan
Tan tere fre tere tan,

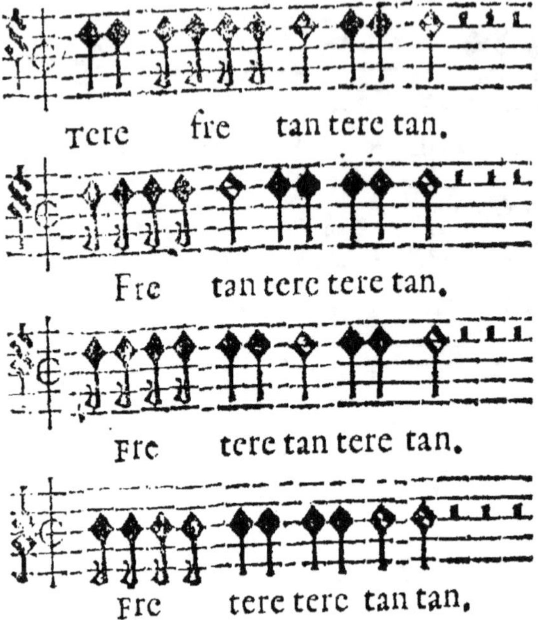

Meſlange de deux Tan vn tere & deux Fre de laquelle ſont faictes & compoſées les diuerſités qui ſenſuyuent & ſont en
nombre de huict.

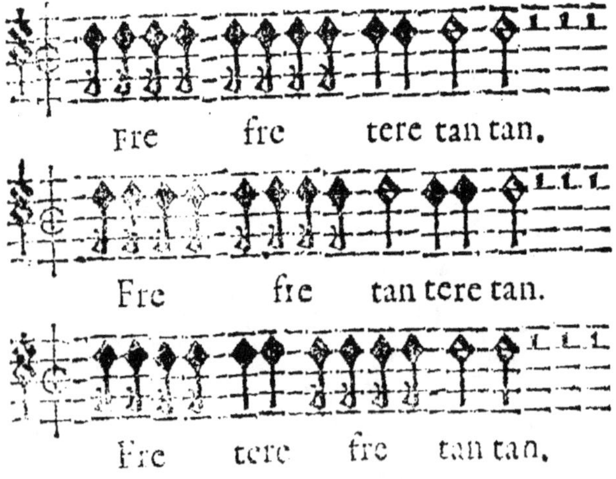

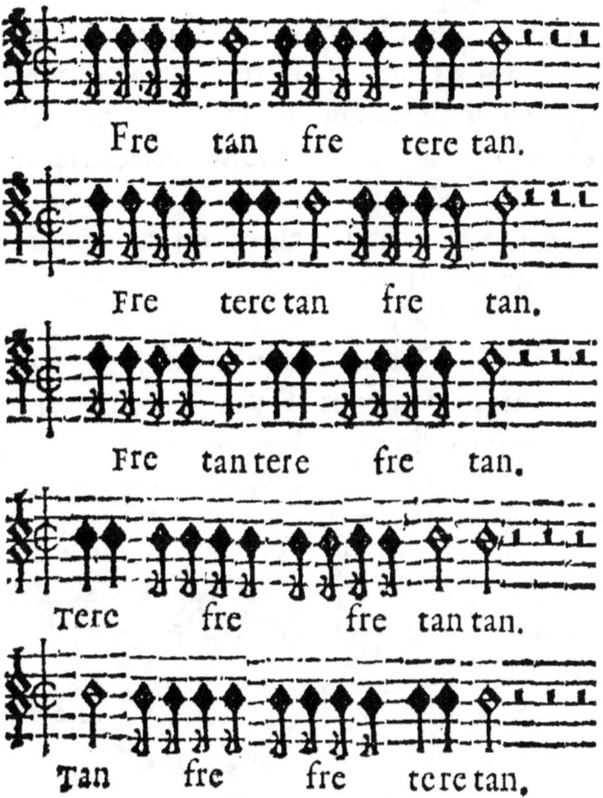

Entre toutes les diuerſitez nombrees cy deſſus, vn tambour pourra choiſir celles qui luy ſembleront eſtre plus aggreables, & mieulx ſonnantes aux aureilles.

Capriol.

Pourquoy y meſt on ces ſouſpirs? Que ne faiſt le tambour pour chacune paſſee les huiſt minimes blanches? quatre pour le pied gauche, & quatre pour le pied droiſt.

Arbeau.

Si le tambour n'uſoit põint de ſouſpirs, les marches des ſoldats pourroient tumber en confuſion car[comme ie vous ay dit] laſſiette du pied gauche doibt eſtre ſur la premiere note,

D iij

& laſſiete du pied droit ſur la cinquiéme. & ſi les huiçt nottes
eſtoient toutes touchees, vn ſoldat pourroit faire les aſſiettes
de ſes pieds ſur aultres nottes que ſur la premiere & cinquiéme. Ce qui n'aduient en y colloquant des repos & ſouſpirs, car
battant ainſi il entend bien ladicte premiere notte, & ladicte
cinquiéme.

Capriol

Ne peult on faire des ſouſpirs és battemens du tambour aultres qu'apres la cinquiéme notte?

Arbeau.

Le tambour des Suyſſes faiçt vn ſouſpir aprez la troiſiéme
notte, & les trois ſouſpirs a la fin: mais tout reuient à vn: car les
aſſiettes des pieds ſe font touſiours ſur la premiere & cinquiéme notte.

Colin tan plon   Colin tan plon.

Capriol.

Ces modes de marcher auec le tambour ſont belles, quant
elles ſont bien obſeruées.

Arbeau.

Elles se peuuent faire aultrement par ladicte mesure binaire
en mettant seulement vng soulpir aprez les cinq nottes minimes:& en ce cas le soldat pose son pied gauche sur la premiere
notte,puis son pied droit sur la troisieme notte,puis encor son
pied gaulche sur la cinquiéme Et au battemēt qui vient aprez,
il faict lassiette de son pied droit sur la premiere notte,puis de
son pied gaulche sur la troisieme notte, & encor de son pied
droit sur la cinquieme, & ainsi continuant tant que le chemin
dure.   *Capriol.*

A ce compte chacun battement de tambour emporteroit
plus grand espace de chemin qu'il ne feroit en marchant par
passees.   *Arbeau.*

C'est chose certaine:Car le premier battement, emporteroit
sept pieds,& tous les aultres suyuans six pieds seullement,& par
ce moyen le soldat chemineroit vne lieue en mil six cents
soixante six battements de tambour ou enuiron.Il seroit possible aussi de battre lesdictes cinq minimes blâches & vn soufpir,
& les marcher & passer par mesure ternaire.

Soubz ladicte mesure ternaire le soldat poseroit lassiette de
son pied gauche sur la premiere nottre & puis lassiette de son
pied droict,sur la quatrieme notte,& ainsi consequemment.
                    Capriol.

Ceste mesure ternaire est bien aysee,les passees y sont semblables comme au binaire,& si n'y a qu'vng soulpir & repos.
                    Arbeau.

Quant les guerriers approchent l'ennemy, ils se serrent plus
estroictement,& doibuent bien obseruer leurs marches com-

me ie vous ay dit en affeant le gaulche fur la premiere nôtte.

Capriol.

Si le foldat affeoit le pied droict fur ladicte premiere notte, tout ne reuiendroit il pas a vng?

Arbeau.

Non pas bonnement, par ce que[comme il eft a prefuppo-fer] la plus part des foldats eftants droictiers & marchans le pied gauche le premier, fi aulcungs commenceoient par le droict & finiffoient par le gauche, ils fe hurteroient les efpaules lors qu'ils font ferrez, & s'empefcheroient, par ce que nous gettons l'efpaule du coufté de laffiette du pied. Si donc vn foldat commenceoit du pied gauche, fon efpaule yroit a gauche, & lefpaule de celuy qui commenceroit du pied droit iroit a droit, & fe viendroit à heurter Ce que n'aduient és marches femblables & de mefme pied ou les efpaules vont vndoyants d'vng coufté puis d'aultre fans fe heurter ou empefcher: ce que vous experiméterez facilement en vous promenant auec quelcung. C'eft pourquoy le tambour faict aucunesfois vne continuation de plufieurs battements ioincts enfemble, affin que s'il y a de la confufion par tranfmutation de marches, les foldats la puiffent reparer, & qu'ils fe remettent tous aifément fur laffiette gauche, aprés qu'ils ont ouy le repos du foufpir ou de trois foufpirs: Et cela fert grandement à faire les euolutions.

Capriol.

Qu'eft-ce à dire euolution.

Arbeau.

Ce n'eft pas noftre intention de traicter icy d'art militaire: Si vous voulez garnir que dela [illegible] vne à [illegible] groupe à l'empire que Alexandre vous diray feulement qu'on [illegible] [illegible] guerrieres ou del-[illegible] les tambours [illegible] de battemés [illegible] & [illegible]

coups de battons, frappez rudement, lesquelz font vn son côme si cestoient coups d'arquebuzes, & ce quãd les soldats approchent l'ennemy de prez: Et lors qu'ils se veullent ioindre
contre le bataillon de l'ennemy, les soldats se serrent les vns
contre les autres, comme s'ils estoient tous d'vne piece, & cou-
chent leurs picques & satisses, faisans d'icelles vn rampart fort
espaiz, & difficile à forcer & rompre.

Cependant le tambour sonne deux minimes noires conti-
nuees, qui font la mesure binaire legiere, du pied que les Poë-
tes appellent Pirrichie, & sauanceãs, tenans tousiours le pied

gauche deuant , & en font laffiette fur la premiere notte
du Pirrichie. Et fur la deuxieme notte dudict Pirrichie, ils
font laffiette du pied droict dernier,& proche dudit pied gauche,côme pour s'en feruir d'Arc bouttant.Et ainfi faultelotás
& danceans , commancent le combat, comme fi le tambour
vouloit dire:

Capriol.

Ie marcherois & dancerois maintenant fort bien[ce me
femble]les paffees militaires foubz les battements & mefures.
Mais pourquoy eft ce tambour accompaigné d'vn ou deux
flutteurs?   *Arbeau.*

Nous appellons le fifre vne petite flutte trauerfe à fix trouz,
de laquelle vfent les Allemandz & Suyffes , & d'aultant qu'elle
eft percee bien eftroictement de la groffeur d'vn boulet de pi-
ftolet, elle rend vn fon agu: aulcungs vfent en lieu de fifre dudict flajol & fluttot nommé arigot, lequel felon fa petiteffe à
plus ou moings de trouz,les mieulx faits ont quatre trouz deuant & deux derriere,& eft leur fon fort efclattant,& pourroit
on les appeller petites Tibies, par ce que premierement on les
faifoit de Tibies & iambes de Grues. Les ioueurs defdicts tábour & fifre font appellez du nom de leurs Inftruments, quát
nous difons de deux foldats,que l'vng eft le tambour & l'aultre
le fifre de quelque Capitaine.

Capriol.

Y à il certaine façon pour iouer du fifre ou arigot?

Arbeau.

Ceulx qui en fonnent iouent à plaifir, & leur fuffit de tumber

en cadance auec le son du tambour, toutesfois nous lisons que
le ton Phrigien que les musiciens appellent le troisiesme ton,
incite naturellement à colere, & d'iceluy vsoient les Lydians
allans en la guerre: L'hystoire rapporte que quand Thimothee
en iouoit sur la Tibie, aussi tost Alexandre le Grand se leuoit
comme furieux & enragé de combatre. Bacchus grand Capi-
tayne nommé Dionisius apprint ses soldats enuironnez des
femmes de son camp à dancer & faire marches guerrieres au
son du tambour & de la Tibie Phrigienne, & par ce moyen
subiuga les Indois, car les Indois marchoient en foule & con-
fusion auec cryz & hurlements. & partant furent perturbez
& facilement mis en vaude-routte & vaincuz.

Capriol.

Donnez moy vne tabulature du fifre ou arigot comme vous
m'auez donné du tambour.

Arbeau.

Ie vous ay dit que la musique du fifre ou arigot se compose
au plaisir du ioueur: Toutesfois ie vous en donneray icy vng
petit extraict que i'ay retiré de M. Ysaac Huguet Organiste,
lequel l'extend sur son Espinette depuis C sol fa vt, ou B fa B
my, iusques en Ela: Et pour Basse-contre en lieu de tambour, il
tient du poulce de sa main gauche C fa vt, & du petit doigt
l'octaue en bas, lesquelz il touche par rechange, sçauoir l'octaue en bas sur la premiere minime blanche, & C fa vt sur la cinquieme, tenant tousiours ferme le doigt demonstrant sur le G
vt, qui faict l'accord parfaict d'vne quinte auec ladicte octaue
en bas, & d'vne quarte contre ledict C fa vt.

Capriol.

Il me semble [sauf vostre correction] que par les reigles de
musique , ceste quarte n'est pas receuable pour seruir en la
Basse-contre.   Arbeau.

Vous le prenez fort bien, mais cela s'entend quand on veut

E ij

faire chanter quatre partie anec les voix: mais en ce cas icy, il est question du son du tambour, lequel sert de Basse contre, & parce qu'il n'a poinct de phrongue & consistance, il est comme ie vous ay dit à tous accords, & n'est pas mal faict que l'Espinette le represente en ces discords accordants, & auant que de vous en donner la Tabulature, vous vous souuiendrez qu'il y a deux manieres de flutter, l'vne en tetant, l'aultre en rollât, au premier la langue du Ioueur faict té té té, ou tere tere tere, & au second ieu rollé, la langue du Ioueur faict relé relé relé: Ie vous aduerty de cecy, parce que la Tabulature que ie vous veulx escripre doit estre fluttee en ieu té té, & non pas en ieu rollé.

Capriol.

Pour quelle raison la doit on plustost té tér, que rollér?

Arbeau.

Pource que la prononciation du ieu te té est plus aigre & rude, & consequemment plus conuenable au son guerrier, que n'est celle du ieu rollé.

Tabulature du Fifre, ou Arigot du troisiesme ton.

Capriol.

Ie ſuis bien aiſe d'auoir ceſte tabulature, i'ay vn petit arigot
ie m'eſſairay d'y iouer le contenu en icelle.

Arbeau.

Vous pourrés ampliffier ceſte muſique, à voſtre plaiſir &
phantaſie. Et ſi d'auenture vous preſupoſés que le tambour
ſonne par meſure ternaire, laquelle conſiſte de cinq minimes
blanches & vn ſouſpir, vous vous pourrés ayder de la muſique
cy deſſus en retranchant deux minimes blanches ſur chacun
battement tantoſt ſur la fin des cadances, tantoſt ſur le commencement, tantoſt ſur le meillieu, tellement que la liaiſon
n'en ſoit point corrompue.

Capriol.

Ceulx qui ont cognoiſſance de la muſique, le peuuent faire
facilement.　　　　　*Arbeau.*

Ie vous en veulx donner vne en meſure ternaire, dont vous
vſerez ſans auoir la peine de retrancher la ſuſdicte ſi vous ne
voulez, laquelle vous pourrez auſſi amplifier tant qu'il vous
plaira.　　　　　*Capriol.*

Puis qu'il vous plaiſt prendre ceſte peine, vous m'obligerez.

Tabulature pour iouer du Fifre ou Arigot en mesure ternaire.

Capriol.

Ie n'ay aulcune affection d'aller en la guerre, toutesfois ces
preceptes que m'auez donnez de la dance guerriere me pourront feruir quant nous ferons quelque monftre en armes par
la ville de Lengres : Mais tandiz paffez oultre, & m'enfeignez
que ceft de la dance recreatiue.

Arbeau.

Il vous fault premierement premeâtre qu'à la fimilitude du
tambour, duquel nous auons parlé cy deffus, on en a faiâ vng
petit que l'on appelle tabourin à main, long d'enuiron deux
petits piedz & vn pied de diametre, que Yfidorus appelle moi-
tyé de Simphonie, fur les fonds & peaulx duquel on colloque
des fillets retors, en lieu qu'au grand tambour on y meâ fur le
diametre de l'vng des fonds feulement vn double cordeau.

Capriol.

Dequoy feruent ces fillets retors?

Arbeau.

Ilz font caufe que quant le tabourin eft battu d'vng batonnet, ou auec les doigts, le fon dudiâ tabourin eft ftridule &
tremblotant.

Capriol.

Symphonie, ceft à dire confonance, & non pas vn tabourin.

Arbeau.

A la verité, ce mot grec de Symphonia eſt à dire conſonance,
& de ce mot ſont appellez les Muſiciens Symphoniaques:
Mais il n'eſt pas impertinent, que le tabourin ait receu ceſte
denomination d'eſtre comprins ſoubz le nom de Symphonie,
& l'appelle Yſidore demye ou moytié de Symphonie, parce
qu'il eſt accompaigné ordinairement d'vng ou pluſieurs aultres Inſtruments muſicaux, auec leſquels il conuient, & leur
donne grace ſeruant de Baſe & Diſdiapaſon à tous accords,
c'eſt vray ſemblablement. celuy duquel on vſoit auec l'inſtru-
ment appellé Chorus, pour rendre louange à Dieu en reſioyſ-
fance, & dont parle le S. Prophete royal, quand il dit : *Laudate
Dominum in tympano & choro.* En Sainct Luc 15. le filz aiſné du pe-
re de famille fut indigné quand il ſceut que pour la bien venue
de ſon frere, l'on faiſoit grand chere auec le veau gras & la
Symphonie & le Chorus. Daniel recite en ſon 3. Chap. que
Nabuchodonoſor fit crier que chacun adoraſt ſa ſtatue. ſi toſt
que l'on orroit iouer la flutte, le haubois, la ſacqueboutte, la
harpe, le pſalterion, la Symphonie, & autres inſtruments muſicaux.   *Capriol.*

    l'euſſe interpreté ce mot de Chorus pour vne compagnie
de danceurs.   *Arbeau.*

    Iay veu la figure dudict inſtrument Chorus en vn liure ou
tous les Inſtruméts ſont deſcripts, & eſtoit ioinct auec la Symphonie ou tabourin, comme maintenant on y ioinct la flutte
ou grand Tibie. Les Baſques & Bearnois vſent d'vng aultre
tabourin qu'ils tiennent ſurpendu à la main gauche, & le touchent auec les doigts de la main droicte, le bois eſt ſeulement
creux de demypied, & les peaulx d'vn petit pied de diametre,
& eſt enuironné de ſonnettes & petites pieces de cuyure, ren-
dants vn bruict aggreable & non affreux, comme celuy grand
que deſcript Suidas remply de clochettes, duquel vſoiét ceulx
des Indes en leurs batailles. Quant à noſtre tabourin, nous ny

mettons point de fonnettes. & l'accompagnons ordinairemét
d'vne longue flutte ou grand tibie : Et de ladicte flutte le ioueur chante toutes chanfons que bon luy femble, la tenát auec
la main du bras gauche, duquel il fouftient le tabourin.

Capriol.

Eft il poffible qu'il puiffe faire fonner vne chanfon auec fa
main gauche feulle: Ie ne le puis croire, car ie fuis affez empef-
ché de treuuer tant de voix diuerfes auec mes deux mains fur
vne flutte à neuf trouz, & auffi il me femble impoffible de
iöuer & la tenir d'vne mefme main.

Arbeau.

Le bout pres la lumiere eft fouftenu dans la bouche du
Ioueur, & le bout d'embas eft fouftenu entre le doigt auricu-
laire & le doig medicin, & oultre ce afin qu'elle ne coule hors
la main du Ioueur, il y a vne efguillette a bas de ladicte flutte
ou fe met ledict medicin pour l'engaiger & la fouftenir, & n'a
que trois pertuis, deux deuant, & vng derrier, & eft admirable-
ment inuentee, car du doig demonftrant & du doig du meil
lieu qui touchent fur les deux pertuis deuant & du poulce qui
touche fur le pertuis derrier, tous les tons & voix de la game

s y treuuent facilement.

Capriol.

C'eſt donc vng ſecret que i'apprendrois voluntiers en paſſant chemin, puis ie vous remettray en propos.

Arbeau.

Vous debuez ſçauoir que les tubes ou tuyaulx qui ſont haults
& longs, & ont la lumiere baſſe & eſtroicte comme eſt la flutte
de queſtion, ſaultét facilement & naturellement à leur quinte
quant ilz ſont ſoufflez vn peu plus fort: Et ſi on les ſouffle encor plus fort, ils montent à l'octaue : De façon que quant la lõ-
gue flutte eſt ſoufflee doulcement & tous les pertuis ſont bou-
chez, ſuppoſé qu'elle ſonne G vt, ſi on ouure le premier pertuis
que bouche le doigt mediant, elle ſonnera A re, ſi on ouure encor le deuxieme pertuis que bouche l'index, elle ſonnera B my,
& ſi on ouure le troiſieme pertuis qui eſt dertier que bouche le
poulce, elle ſonnera C fa vt: Aprez cela, le tout eſtant bié bouché, ſoufflant vn peu plus fort, elle ſaulte à la quinte & ſonne
D ſol re: Auec ce meſme vent, ſi le mediant eſt leué, elle ſonnera E la my, & le demonſtrát leué aprez, elle ſonnncra F fa vt:
Ce faict, en leuant le poulce, elle ſonnera G ſol re vt, & ainſi cõ-
tinuant & leuant les doigs, & donnant le vent fort comme il
appartient, on y treuue pluſieurs gradations de voix.

Capriol.

Vous faictes ceſte octaue de G ſol re vt ſur l'ouuerture du
poulce, donc en fermant tout, ce debutoit eſtre A la mi re.

Arbeau.

Le tout bouché ſonne l'octaue auſſi, a cauſe de la naturelle
diſpoſition de ceſte ſorte de flutte, qui ſaulte toute bouchee à
la quinte, puis à l'octaue.

Capriol.

Quant on dict en Therence, que la comœdie de l'Andrie fut
iouée ſoubs les Tibies non pareilles de Claudius. Se doibt il en-

terdre de ces fluttes dont vous parlés?

Arbeau.

Certes ie le croy ainſi, car par les marbres antiques il ſe
treuue qu'vn meſme perſonnage iouoit de deux fluttes tout en
ſemble deſquelles l'vne eſtoit plus gráde & ſonnoit plus graue,
l'aultre eſtoit plus courte, & ſonnoit plus aigre. La plus grande
eſtoit à la main gaulche: & la plus courte, a la main droiĉte.
Et les tenoient ainſi a mon aduis affin de mieulx & plus aiſee-
ment faire les cadances du deſſus, de ladiĉte main droiĉte.
Il me ſouuient d'auoir veu iouer d'vne flutte double (venant du
mont ſainĉt Claude que Ptolomée appelle le mont Iuras) l'vne
deſquelles eſtoit couppée plus courte, & faiſoit vne tierce ſur
la plus grande, & celluy qui en ióuoit des deux mains les faiſoit
accorder harmonieuſement

Capriol.

Valere maxime, au chappitre des Inſtitutions, ancienes parle du college des ioueurs de Tibies.

Arbeau.

Ce college eſtoit comme les bandes des ioueurs d'inſtruméts
qui ſont par les villes: Et iouoient de diuerſités de Tibies, les
vnes comme celles dont nous venons de parler, aultres à neuf
trous, aultres auec languettes de rozeaulx, approchans le ſon
des trompettes comme ſont noz haulbois, deſquelz parle le
Poëte Horace diſant ainſi:

Tibia non vt nunc oricalcho cinĉta, tubæque
Emula.

Capriol.

A la verité les haulbois ont quelque reſſemblance aux tró-
pettes, & font vne conſonance aſſez aggreable, quand les gros
ſonnans l'octaue en bas, ſont menez enſemblément auec les petits haulbois qui tiennent l'octaue en hault.

Arbeau.

Ceste couple est bonne pour faire resonner vn grand bruit,
tel qu'il sault és festes de village & grandes assemblees, mais si
elle estoit ioincte auec la flutte, elle offusqueroit le son de ladite
flutte: Bien la peult-on ioindre auec le tabourin, ou auec le grád
tambour.

Capriol.

Se peult-on ayder du grand tábour pour la dance recreatiue?

Arbeau.

Ouy certes: mesmement auec lesdits haulbois qui sont bruyás
& cryards,& sont soufflez auec force.

Capriol.

Reuenons au propos du Tabourin, & de la dance.

Arbeau.

Le tabourin accompaigné de sa flutte longue entre aultres
instruments, estoit du temps de noz peres emploié pource
qu'vn seul ioueur suffisoit à mener des deux ensemble, & faisoient la symphonie & accordáce entiere sans qu'il fust besoing
de faire plus grád despence, & d'auoir plusieurs aultres ioueurs
comme violons, & semblables, maintenant il n'est pas si petit
manouurier qui ne veuille a ses nopces auoir les haulbois & sa-
queboutes. Lors on dançoit plusieurs sortes de dances recreatiues.

Capriol.

Dictes moy quelles sont ces dances, & comment il s'y fault conduire.

Arbeau.

On dançoit pauanes, basse-dances, branles & courantes : les basse dances sont hors d'vsage depuis quarante ou cinquante ans : Mais ie preuoy que les matrones sages & modestes les remettront en vsage, comme estant vne sorte de dance pleine d'honneur & modestie.

Capriol.

Comment est-ce que noz peres dançoient la basse-dance?

Arbeau.

Il y auoit deux sortes de basses dances les vnes communes & regulieres les aultres irregulieres. Les regulieres estoient appropriées aux chansons regulieres & les irregulieres aux chansons irregulieres.

Capriol.

Qu'appellés vous chansons communes & regulieres,

Arbeau.

Les musiciens d'alors composoient leurs chansons de seize mesures qu'ilz repetoient, & ainsi estoient trente deux mesures pour le commencement: & pour la mediation mectoient seize mesures, & sur la fin seize mesures repetées qui faisoient trente deux mesures, ainsi en tout estoient quatre vingtz mesures, dont la basse dance commune & reguliere estoit côposee: Et si d'auenture l'air de la chanson passoit ces octante mesures, la basse-dance iouee sur icelle, estoit appellee irreguliere.

Capriol.

Quelz mouuemens conuenoit-il faire pendant ces mesures?

Arbeau.

Il vous fault auparauant sçauoir que les chansons des basse dances sont iouees par mesure ternaire,& à chacune mesure, le tabourin pour s'accorder auec sa flutte,faict sa mesure ternaire
aussi:

auſſi : En frappant leſdictes octante meſures de ſon batonnet,
leſdictes meſures conſiſtans d'vne minime blanche & de quatre noires ainſi :

Et a chacune meſure , le danceur faict les mouuements des
pieds & du corps, ſelon les preceptes de la dance.

Capriol.

Comment feray-ie ces mouuements, quant ie voudray dancer vne baſſe-dance.

Arbeau.

En premier lieu, quand vous ſeres entré au lieu , ou eſt la
compagnie preparée pour la dance, vous choiſirés quelque
honneſte damoiſelle telle que bon vous ſemblera, & oſtant le
chappeau ou bonnet, de voſtre main gaulche , luy tendrés la
main droicte pour la mener dancer. Elle ſage & bien apriſe,
vous tendra ſa main gaulche, & ſe leuera pour vous ſuyure.
Lors la conduyrés au bout de la ſalle, a la veüe d'vn chacun,
& aduertirés les ioueurs d'inſtrumétz de ſonner vne baſſe dance. Car aultrement ilz pouroiét ſonner par inaduertence quelque aultre ſorte de dances. Et quant ilz commenceront à ſonner, vous commencerés à dancer. Et notterés que leur demã-
dant vne baſſe dance, ilz entendront aſſés qu'en demanderés
vne reguliere & commune: touteffois ſi lair d'vne chanſon
ſur laquelle eſt formée vne baſſe dance vous aggreoit plus
que d'vne aultre pourrés leur nommer le commencement de
la chanſon.

Capriol.

Si la damoiſelle refuſoit ie ſerois bien honteux.

G

Arbeau.

Vne dameiſelle bien appriſe, ne refuſe iamais celluy qui luy
faiɭt cêɭ honneur. de la mener dancer & ſi elle le faiɭt, elle eſt
reputée ſotte, car ſi elle ne veult dancer elle ne ſe doibt pas
meɭtre au renc des aultres.

Capriol.

Ie le croy bien, mais tandis la honte du refus en tumberoit
ſur moy.

Arbeau.

Si vous eſtiés aſſeuré de la bône grace d'vne aultre damoiſelle
de la compaignie, il la fauldroit prendre & laiſſer ceſte mal
gracieuſe, en vous excuſant de luy auoir eſté importun: touteſ-
fois il ſ'en rreuueroit aſſés d'aultres, qui ne le porteroient pas
ſi patiemment : mais il vault mieulx parler ainſi doulcement,
qu'auec vne aigreur, & ainſi faiſant vous acquerrés reputation
d'eſtre doulx & humain, & reieɭterés ſur elle la marque d'vne
glorieuſe: indigne de l'honneur que luy faiſiez.

Capriol.

Nous voila plantés au bout de la ſale, les ioueurs commencent à ſonner la baſſe dance, par quelz mouuementz commén-
cerons nous à marcher?

Arbeau.

Le premier mouuement eſt la reuerence , marquée par vne
grande R. La deuxieme ſorte de mouuement, eſt le branle,
marqué par vn   b.   La troiſieme ſorte de mouuement, ſont
deux ſimples, marqués par   ſſ.   La quatrieme ſorte de mouuement eſt le double, marqué par vn   d.   La cinquieme ſorte de mouuement, eſt la repriſe, marquée par vne petite   r.

Capriol.

Eſt-ce la tout ce qu'il fault dancer en vne baſſe dance commune & reguliere?

Arbeau.

Il n'y à point d'aultres sortes de mouuementz en là basse dáce
ny au retour de ladicte basse dance, bien y sont lesdictes sortes
repetées plusieurs fois.

Capriol.

Qu'entendés vous par ce retour de basse dance?

Arbeau.

La basse dance entiere contient trois parties: La premiere
partie est appellée basse dance: La seconde partie est appellée
retour de la basse dance: Et la troisieme & derniere partie, est
appellée tordion. Ie vous en ay icy mis par escript vn memoire, affin que l'appreniez par cœur

Memoire des mouuementz pour la basse dance.

R b ſſ d r d r b ſſ ddd r d r b ſſ d r b c.

Capriol.

Que veult dire ceste lettre c que vous auez mise à la fin?

Arbeau.

Elle signifie le congé qu'il fault prendre de la Damoiselle, en
la saluant, la tenant tousiours par la main pour retourner ou l'ŏ
a commencé, affin de dancer la seconde partie & retour de ladicte bassedance.

Memoire des mouuementz pour le retour de la basse dance.

b d r b ſſ ddd r d r b c.

ORCHESOGRAPHIE

Ceste lettre c finale, signifie congé comme l'aultre, & n'y a
point de grand R au commencement de ce retour, parce qu'on
le commence sans faire la reuerence, laquelle se differe iusques
aprés le congé, auant que commencer le tordion.

Exposez moy particulierement & par le menu les gestes &
mouuements signifiés par ces lettres & memoires.

La reuerence premier geste & mouuement, tient quatre battements de tabourin, qui accompaignent quatre mesures de la
chanson que sonne la flutte. Anthoine Arena considerant que
toutes dances commencent par le pied gauche, a esté d'aduis
que la reuerence doit estre faicte du pied gauche, toutesfois il
semble en fin qu'il le remette en doute, disant ainsi:

Bragardi certant, & adhuc sub iudice lis est,
De quali gamba sit facienda salus.

Quand à moy, ie tiens auec mon maistre, souz lequel i'ay aultresfois appris à Poictiers, qu'il la fault faire du pied droit:

Ce faisant on a moyen de tourner le corps & la face deuers la
Damoiselle, & luy ietter vn gracieux regard.

Capriol.

Le branle suit la reuerence, comment le fault il faire?

Arbeau.

Le branle est appellé par Arena *Congedium.* & croy qu'il le nó-
me ainsi, pource qu'à veoir le geste du danceur, il sembleroit
qu'il voulust finir & prendre congé, & neantmoins apres le brá-
le, il continue ses marches & mouuements, comme ils sont es-
crits esdits memoires: Ledit branle se faict en quatre batteméts
de tabourin, qui accompaignent quatre mesures de la chanson
iouee par la flutte, en tenant les pieds ioincts, remuant le corps
doucement du cousté gauche pour la premiere mesure, puis du
cousté droit, en regardant les assistans modestement pour la
deuxieme mesure, puis encor du cousté gauche pour la troisieme mesure: Et pour la quatrieme mesure du cousté droit, en regardant la Damoiselle d'vne œillade desrobee doulcement &
discretement.

Capriol.

Deux simples suyuent le branle, comment fault-il les faire?

Arbeau.

Vous marcherez en auant du pied gauche pour la premiere

mefure : Puis mettrez le pied droit ioinct auec ledict gauche
pour la deuxieme mefure: Puis auancerez le pied droit pour la
trofiefme mefure: Et à la quatrieme mefure & battement ioin-
drez le pied gauche auec ledict pied droit, & ainfi fera parfaict
le mouuement des deux fimples : Et fe fault donner garde de
faire les auonces des pieds fi grandes qu'il femble qu'on veuille mefurer la longueur de la falle , ioinct que la Damoifelle ne
pourroit honneftement faire de fi grádes paffees comme vous
feriez. Arena & aultres de fa fequelle fót le fimple d'vn mefme
pied, marquant pour la premiere mefure du pied gauche a coufté du droit, puis aduanceant ledit gauche. Et aultant du pied
droit: Mais il me fouuiét que mon maiftre de Poictiers impreu-
uoit cefte mode, difant qu'il eftoit plus décent de finir les deux
fimples par les pieds ioincts, que par l'aduáce de l'vn des pieds.

Capriol.

Cefte raifon me femble bonne , & fuiuray voftre opinion:
Venez a cefte heure au double, par quel mouuement le fault-il
faire?   Arbeau.

Le double fe faict en quatre mefures & battements du tabourin. Sur la premiere mefure, fault auácer le pied gauche. Sur
la feconde mefure, il fault aduancer le pied droit. Sur la troifiefme mefure, il fault encor auancer le pied gauche : Et fur la
quatrieme mefure, il fault ioindre le droit auec ledit gauche.
Et ainfi en 4. mefures fera complet le double : Et s'il ya deux
doubles : L'aultre double fuyuant fe faict au contraire du premier, auanceant le pied droit, puis le pied gauche, puis encor le
pied droit : Et à la quatrieme mefure fault ioindre le pied gauche auec le droit : Et ainfi en huict mefures demeurront accó-
plis les deux doubles. Et pour faire encor vng troifiefme double, il fault aduancer le pied gauche, puis le pied droit, puis le
gauche, puis tumber a pieds ioincts comme a efté faict au premier double : Et ainfi demeurent les trois doubles acheuez en

douze battements & mesures du tabourin.

Capriol.

Il reste encor à sçauoir comme l'on faict vne reprise.

Arbeau.

Le mouuement appellé reprise, precede ordinairement le branle, & quelquesfois le double, & tient quatre mesures du tabourin aussi bien comme les aultres mouuements, lequel vous ferez en remuant vn peu les genoux, ou les pieds, ou les artoils seullement, comme si les pieds vous fremioient : Sçauoir sur la premiere mesure les artoils du pied droit, puis encor lesdits artoils du pied droit sur la secõde mesure, puis les artoils du pied gauche sur la troisieme mesure : & les artoils dudit pied droit sur la quatrieme mesure : Et en ces quatte mouueméts demeure accomplie la reprise & le dãceur, prest à faire le branle ou les aultres mouuements qui suyuent.

Capriol.

Si nous voulions appeller les 4. mesures du tabourin & de la flutte vng quaternion ou tetradion : Ie treuue en comptant les caracteres que m'auez donnez par memoire, que la basse dance contient vingt quaternions : Et le retour de la basse-dance contient douze quaternions.

Arbeau.

La supputation en est bonne : Et aprés la basse-dance & le retour de la basse-dance : Vous pourrez commencer la dance du tordion, qui est en mesure ternaire, comme est la basse-dance : Mais elle est plus legiere & concitee.

Capriol.

Le tordion est-il composé des mesmes mouuements de la basse-dance & son retour, c'est à dire de simples, doubles, reprises & branles ?   *Arbeau.*

C'est vne aultre sorte de mouuements qui consiste de certaines assiettes de pieds & vne cadance, ce que ie vous donne-

ray plus clairement à entendre quant nous parlerons de la gaillarde, car le tordion n'eſt aultre choſe qu'vne gaillarde par
terre.   *Capriol.*

Apprenez moy les mouuements de ceſte gaillarde.
                                           Arbeau.

Nous en parlerons aprés que nous aurons parlé de la pauane,
laquelle on dançoit ordinairement auparauant la baſſe-dance:
Ladicte pauane n'a pas eſté abolie & miſe hors d'vſage du tout,
& croy qu'elle ne le ſera iamais, vray eſt qu'elle n'eſt pas ſi frequentee que par le paſſé: Noz ioueurs d'inſtruments la ſonnét
quant on meyne eſpouſer en face de ſaincte Egliſe vne fille de
bonne maiſon,& quant ils conduiſent les prebſtres, le baton-
nier & les confreres de quelque notable confrairie.
                                           Capriol.

Attendant que traictiez de la gaillarde, dictes moy de quels
mouuements il fault vſer en la pauane.
                                           Arbeau.

La pauane eſt facile à dancer, car il n'y a que deux ſimples
& vn double, en marchant & ſauanceát. Et deux ſimples & vn
double en reculant & deſmarchant : Et ſe ioue par meſure binaire Et notterez qu'en la dançeant, leſdits deux ſimples & ledit double de l'aduance,ſe commencent par le pied gauche: Et
leſdits deux ſimples & le double de la deſmarche,ſe commencent par le pied droit.
                                           Capriol.

Le tabourin dóc & aultres inſtruments y font huict batteméts
& meſures en marchant,& huiſt meſures en deſmarchant.
                                           Arbeau.

Il eſt ainſi : Et ſi on veut on ne recule point, & marche lon
touſiours auant.
                                           Capriol.

Ne ſaict-on point de demarches en danceant la baſſe-dance?
                                           Arbeau.

Arbeau.

Quelquesfois il y a si grand presse & multitude de personnes en la salle, que la place pour dancer est racoursie, parquoy quád vous serez prez du bout, fauldra que faciez de deux choses l'vne, ou que desmarchiez vous & la damoiselle que vous menez, ou bien que faciez vne conuersion.

Capriol.

Qu'entendez vous faire conuersion?

Arbeau.

C'est à dire qu'approchant du bout, vous faciez tousiours aller droit la damoiselle, & vous desmarchiez aultant quelle marchera, iusques à ce qu'aiez torné le doz du cousté qu'auiez les visaiges. *Capriol.*

Lequel des deux vous semble le meilleur à faire?

Arbeau.

Mon opinion est qu'il vault mieux vser de conuersion, affin que la damoiselle puisse veoir ou elle marche, car si elle treuuoit quelque empeschement en faisant les desmarches, elle pourroit tumber, chose qui vous torneroit à blasme, & qui vous reculeroit de ses bónes graces. Et ainsi me semble debuoir estre faict és pauanes quant on les veult dancer, en faisant deux ou trois tours par la salle. *Capriol.*

Le battement du tabourin pour la pauane, est il comme pour la basse-dance? *Arbeau.*

Il est binaire, consistant d'vne minime blanche & de deux noires, en ceste façon:

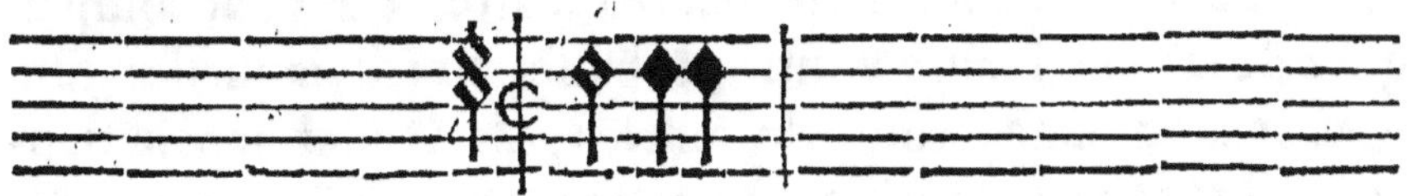

Capriol.

Ie treuue ces pauanes & basse-dances belles & graues, & bié

feantes aux perfonnes honorables, principalement aux dames
& damoifelles.   *Arbeau.*

Le Gentil-homme la peult dancer ayant la cappe & lefpee:
Et vous aultres veftuz de voz longues robes, marchans honneftement auec vne grauité pofee. Et les damoifelles auec vne
contenance humble, les yeulx baiffez, regardans quelquesfois
les affiftans auec vne pudeur virginale. Et quant à la pauane, elle
fert aux Roys, Princes & Seigneurs graues, pour fe monftrer en
quelque iour de feftin folemnel, auec leurs grands manteaux &
robes de parade. Et lors les Roynes, Princeffes, & Dames les
accompaignent les grands queües de leurs robes abaiffees &
traifnans, quelquesfois portees par damoifelles. Et font lefdites
pauanes iouees par haulbois & faquebouttes qui l'appellent le
grand bal, & la font durer iufques à ce que ceux qui dancent
ayent circuit deux ou trois tours la falle: fi mieulx ils n'ayment
la dancer par marches & defmarches. On fe fert auffi defdictes
pauanes quant on veult faire entrer en vne mafcarade chariotz
triumphantz de dieux & deeffes, Empereurs ou Roys plains de
maiefté.   *Capriol.*

Mettez moy par efcript les airs d'vne pauane & d'vne baffe-
dance.   *Arbeau.*

Ie le veulx bien pour le defir que i'aye que telles dances honne-
ftes foient remifes au deffus, en lieu des dances lafciues &
deshontees que l'on à introduict en leur place au regret des fages feigneurs & des dames & matrones de bon & pudique iugement. Premierement ie vous donneray vne pauane auec le
battement du tabourin en mefure binaire pefant, accompai-
gnee de la taille, haulte-contre, & baffe contre, laquelle fuffira
pour fçauoir dancer toutes les aultres, & fi voulez fans la dancer, la ferez chanter ou iouer à quatre parties. Puis aprez ie vous
donneray vne baffe-dance commune, auec fon retour & le tordion, laquelle femblablement vous feruira pour toutes aultres,

pouruci que ſçachiez par cœur ce que ie vous en ay donné par eſcrit cy deſſus.

Pauane à quatre parties: auec les meſures & battemens du tambour,

Superius

Contra tenor.

Tenor

Baſſus.

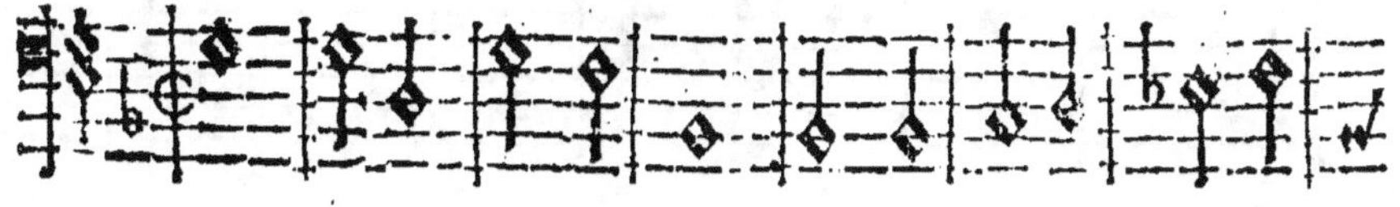

Battement du tambour.

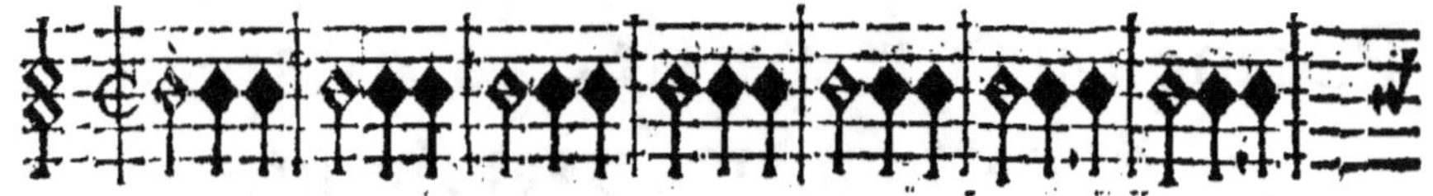

Superius.

Contra tenor.

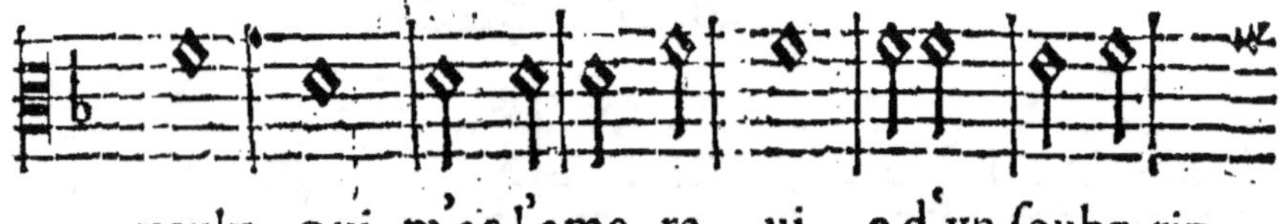

Tenor

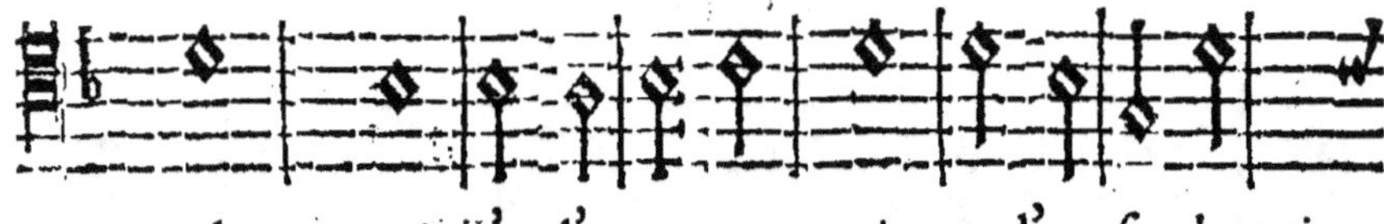

Bassus.

Battement du tambour

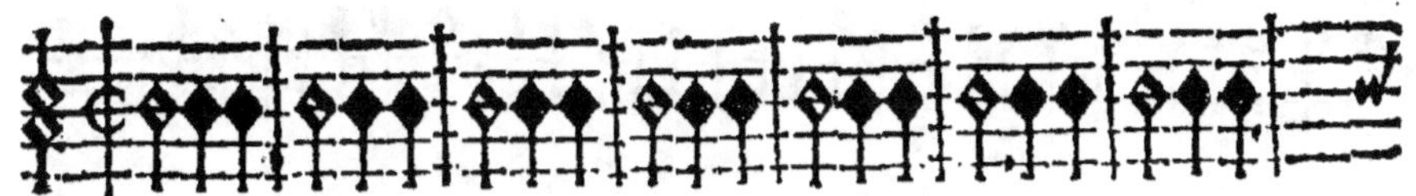

Superius.

Contra tenor.

Tenor.

Baſſus.

ORCHESOGRAPHIE
Battement du tambour.

Superius.

Contra tenor.

Tenor.

Baſſus.

Battement du tambour

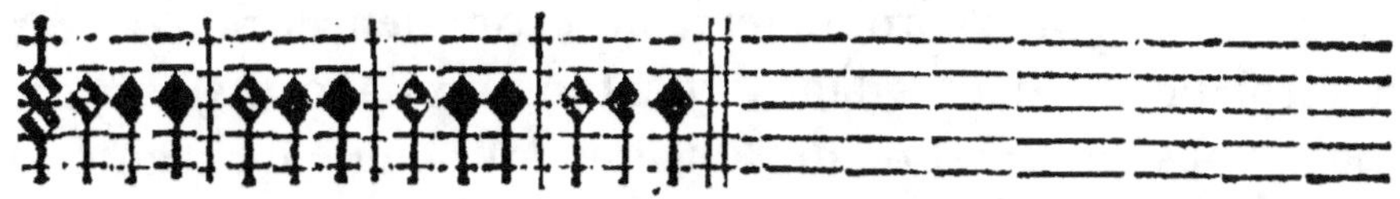

Superius.

Contra tenor.

Tenor.

Baſſus.

ORCHESOGRAPHIE

La pauane cy deſſuz miſe a quatre parties, tient deux aduances
& deux deſmarches marquées par leurs caracteres ainſi ſſ d ſſ
d ſſ d ſſ d & tient trante deux meſures & battements de
tabourin: Et pour la prolonger fault recommencer tant de fois
qu'il plaiſt aux ioueurs d'inſtruments ou aux danceurs, & parce
qu'il vous pourra prendre quelque iour enuie de chanter la
chanſon entiere, la voicy par eſcript.

CHANSON.

Belle qui tiens ma vie
Captiue dans tes yeulx,
Qui m'as l'ame rauie
D'vn ſoubz-ris gracieux,
Viens toſt me ſecourir
Ou me fauldra mourir.

Pourquoy fuis tu mignarde
Si ie ſuis pres de toy,
Quand tes yeulx ie regarde
Ie me perds dedans moy
Car tes perfections
Changent mes actions.

Tes beautéz & ta grace
Et tes diuins propos.
Ont eſchauffé la glace
Qui me geloit les os,
Et ont remply mon cœur
D'vne amoureuſe ardeur.

Mon ame ſouloit eſtre
Libre de paſsions,
Mais amour s'eſt faict maiſtre
De mes affections,
Et à mis ſoubs ſa loy
Et mon cœur & ma foy.

Approche donc ma belle
Approche toy mon bien,
Ne me ſois plus rebelle
Puis que mon cœur eſt tien,
Pour mon mal appaiſer,
Donne moy vn baiſer.

Ie meurs mon Angelette
Ie meurs en te baiſant,
Ta bouche tant doucette
Va mon bien rauiſſant
A ce coup mes eſpritz
Sont tous d'amour eſpris.

Pluſtoſt on verra l'Onde
Contre mont reculer
Et pluſtoſt l'œil du monde
Ceſſera de bruſler,
Que l'amour qui m'époinct
Decroiſſe d'vn ſeul poinct.

Capriol

Capriol.

Cestedance de pauane est trop graue & pesant, pour dancer en vne salle auec vne ieune fille seul à seul.

Arbeau.

Les ioueurs d'instruments la sonnent aulcunesfois moins pesamment, & d'vne mesure plus legiere, & par ce moyen elle se ressente de la mediocrité d'vne basse-dance, & lappellent passe meze. Depuis peu de temps ils en ont apporté vne qu'ils appellent la pauáne d'Espagne, laquelle se dance decoupee auec diuersité de gestes, & par ce qu'elle à quelque conformité auec la dance des Canaries, ie ne vous en declareray point la mode de la dancer, iusques à ce que nous soyons en propos desdictes Canaries, seullement vous entendrez icy qu'il yà aulcuns danceurs, lesquels decoupét le double qui est aprez les deux simples: Car en lieu que ledit double ne seroit que de quatre mesures notees par quatre semibreues, ils en font huict minimes blanches ou seize minimes noires, & consequemment font plusieurs assiettes de pieds, passages & fleurets, lesquels retumbent en mesme cadance. & sont de mesme duration de temps, & tels decoupements & mouuemens de pieds legierement faicts, moderent la grauité de la pauane, ioinct qu'aprez la pauane, on dance coustumierement la gaillarde qui est legiere.

Capriol.

Apprenez moy tous ces passages & decouppements.

Arbeau.

Vostre desir n'est aultre chose que de sçauoir comment on peult hacher par le menu vng double. Les bons danceurs agilles & gaillards y peuuent faire tant & tels decouppements & hachures que bon leur semble pourueu qu'ils retumbent (comme ie vous ay dit) a leur cadance, le pied apresté pour marcher les deux simples qui suyuent ledit double: Et quelquesfois ils anticipent leur passages sur le deuxieme simple. Vous entendrez

I

ces paſſages & decouppements quant vous ſçaurez les modes & façons diuerſes de mouuoir les pieds, dont nous parlerons en declarant la dance de la gaillarde. Cependant ie vous donneray icy par eſcript l'air d'vne baſſe-dance commune, auec la meſure ternaire du tabourin.

Capriol.

Fault-il neceſſairement qu'és pauanes & baſſe-dances le tabourin & la flutte y ſoient employez.

Arbeau.

Non qui ne veult: Car on les peult iouer auec violons, eſpinettes, fluttes trauerſes & à neuf trouz, haulbois, & toutes ſortes d'inſtruments: Voires chanter auec les voix : Mais le tabourin ayde merueilleuſement par ſes meſures vniformes à faire les aſſiettes des pieds ſelon la diſpoſitió requiſe pour les mouueméts.

Baſſe-dance appellee: Iouyſſance vous donneray: auec les meſures & battemens du tabourin.

Air de la baſſe-dance,

R E V E R E N C E :

Battement du tambour ou tabourin.

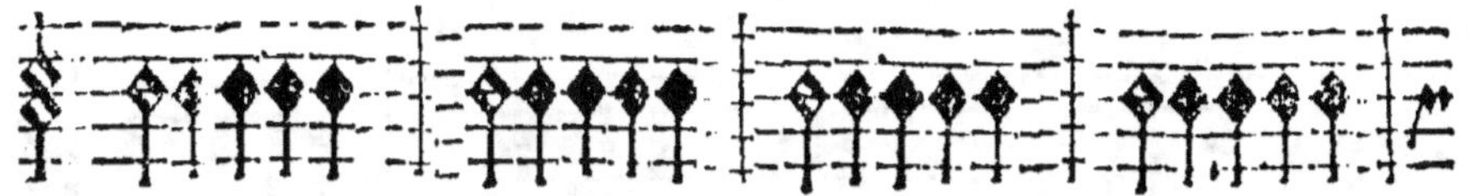

Continuation de l'air.

BRANLE,

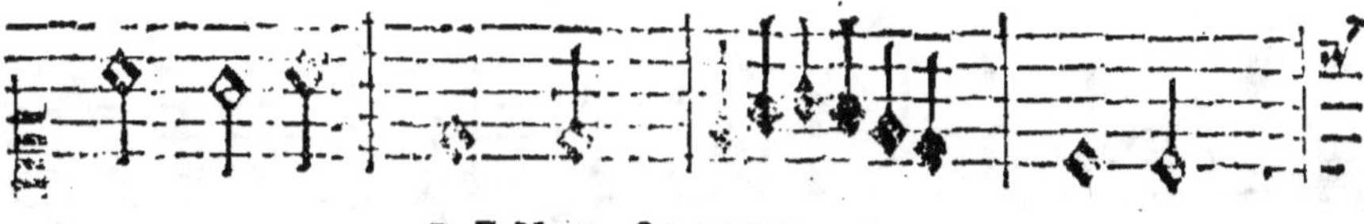

DEVX SIMPLES.

DOVBLE

REPRISE,

DOVBLE,

Battement du tabourin

Continuation de l'air.

REPRISE,

BRANLE.

DEVX SIMPLES,

DOVBLE,

DOVBLE,

Battement du tabourin.

I iij

Battement du tabourin

Si toſt que vous entendrés le dernier battement du branle precedent le congé vous tournerés le corps deuers la damoiſelle
pour (oſtant le bonnet faiſant la reuerence) prendre ledict congé,& la reſtituer ou vous aués commencé la baſſe dance affin de

dançer le retour de ladicte basse-dance selon les battements du
tabourin & les mouuementz qui sensuyuent.

Retour de la basse-dance auec le battement du tabourin.

Continuation de lair

BRANLE.

DOVBLE,

REPRISE.

BRANLE.

Battement du tabourin.

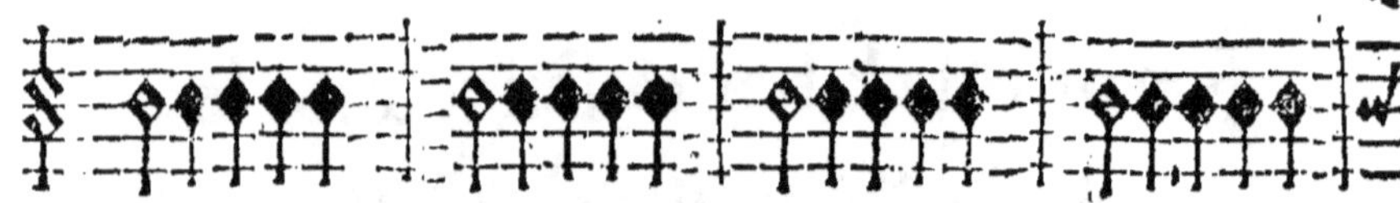

Continuation de l'air.

DEVX SIMPLES.

DOVBLE.

DOVBLE.

DOVBLE.

REPRISE,

Battement du tabourin.

Continuation de lair

DOVBLE,

REPRISE.

B R A N L E,   & congé.

Capriol.

I'eusse bien voulu que m'eussiez mis par escript cinq ou six
pauanes, & autant de basse dances.

Arbeau.

Vous en treuuerez assez grand nombre dedans les liures de
danceries imprimez par feu Attaignant, qui demeuroit pres
l'Eglise sainct Cosme à Paris, & dedans les liures de feu maistre
Nicolas du Chemin Imprimeur audit Paris, à l'enseigne du
Lion d'argent: Toutesfois, il vous fauldra reduire en mesure
ternaire lesdictes basse-dances, lesquelles soit mises en mesu-

K

re binaire.

Capriol.

Qui vous empefcheroit de les reduire comme vous dictes, & de les me donner par efcript?

Arbeau.

Quand on fçait les marches & mouuements d'vne pauane & d'vne baffe-dance commune, on peult dancer toutes les aultres: Car encores qu'elles foient differentes en airs, & qu'elles font chantees ou iouees diuerfement, elles font femblables en mefure. C'eft donc afaire aux ioueurs d'inftruments d'en apprendre de plufieurs fortes: & quand à vous, il vous doibt fuffire de fçauoir comme il les fault dancer, ce qui vous eft maintenant facile, parce qu'en auez apris & entendu.

Capriol.

Vous obliez de me parler des baffe-dances irregulieres, & non communes.

Arbeau.

Elles n'ont point d'aultres fortes de mouuements que les communes, & different feullement en ce qu'elles font plus longues ou plus courtes, ou bien egales, mais les mouuements font difpofez aultrement qu'en la baffe-dance commune. Arena en a faict vng inuentaire que ie ne reciteray point icy, parce qu'on n'en dance guieres, & auffi qu'il fuffict que fçachiez pour cefte heure la commune, feullement ie vous en donneray trois par efcript: L'vne de vingt quatre quaternions, qui eft des plus grandes: L'aultre de quatorze quaternions, qui eft des plus courtes: Et vne de vingt quaternions, comme la commune.

Memoire des mouuements de la baffe-dance appellee confortez-moy, de vingt quatre quaternions, qui tiennent nonante six mesures.

R b ſſ d ſſ r b ſſ d ſſ r b ſſ ddd ſſ
r b ſſ d ſſ r b c.

Baſſedance appellee toute-frelore à quatorze quaternions, qui tiennent cinquā-
te six meſures & batteméts du tabourin.

R b ſſ d ſſ r b ſſ ddd ſſ r b c.

Baſſe-dance appellee patience, contenant
vingt quaternions comme la commune, qui font octante meſures & battements de tabourin, laquelle
toutesfois eſt irreguliere.

R b ſſ d r d ſſ r b ſſ ddd r b ſſ d ſſ
r b c.

Ie vous ay bien voulu deſcripre ces trois pour toutes les aultres, auſquelles ne prendrez pas grand eſgard, par ce que du paſſé peu de perſonnes les dançoient, & n'y auoit à les dancer que-
ceulx qui ſe vouloient gloriffier par deſſus les aultres, & faire entendre qu'ils auoient bonne memoire : Et trompoient ſouuent
par tel moyen ceulx qui ſçauoient ſeullement dancer la commune : Car ſi toſt qu'ils voyoient vng aultre vouloir dancer auec
eulx, ils demandoient l'vne de ces irregulieres.

Capriol.

Peult-on dancer pluſieurs enſemble?　　　　*Arbeau.*

Vovs pourriez(s'il vous plaifoit) mener deux Damoiſelles:
Mais il ſuffit d'vne,& dit le commun proùerbe que *Trop en ha qui
deux en meine* . Semblablement quant eſtes planté au bout de la
ſalle auec vne Damoifelle, vng aultre peult ſe planter auec ſa
maiſtreſſe à l'aultre bout de la ſaile viz à viz de vous pour dácer:
Et quant vous aprochez les vngs des aultres,il fault retrograder
ou vſer de conuerſion. Ie vous ay declaré cy deuant, que ceſt
a dire vſer de conuerſion.

Capriol.

Vovs m'aués dit qu'aprés la baſſe-dance & ſon retour, il failloit
dancer le tourdion,& que le tourdió eſtoit vne eſpece de gaillarde, & m'aués remis a me parler du tourdió,quant vous ſeriez
en propos de la gaillarde.

Arbeau.

Cevlx qui dancent la gaillarde auiourd'huy par les villes, ilz
dancent tumultuairement,& ſe contentent de faire les cinq pas
& quelques paſſages ſans aulcune diſpoſition & ne ſe ſoucient
pourueu qu'ilz tumbent en cadance: tellement qu'vne grande
partie de leurs meilleurs paſſages ſont incogneuz & perduz:Du
commencement on la dançoit auec plus grande diſcretion.Car
aprés que le danceur auoit prins vne damoifelle, & qu'ilz ſe-
ſtoient plantés au bout de la ſalle, ilz faiſoient aprés la reuerence, vn tour ou deux par la ſalle, marchans ſimplement: Puis le
danceur laſchoit ladicte damoiſelle, laquelle alloit en danceant
iuſques au bout de ladicte ſalle,ou eſtant,elle faiſoit vne ſtation
en danceant en ce meſme lieu : Cependant le danceur qui la
ſuyuoit ſe venoit preſenter deuant elle,& y faiſoit quelque paſſage en tornant s'il vouloit à droict,puis à gauche.Ce faict, elle
marchoit danceant iuſques à l'aultre bout de la ſalle ou ledict
danceur l'alloit chercher en danceant, pour faire deuant elle
quelque aultre paſſage.Et ainſi continuants ces allees & ces ve-
nues ,ledict danceur faiſoit paſſages nouueaux, monſtrant ce

qu'il fçauoit faire , iufques à ce que les ioueurs d'inftruments faifoient fin de fonner. Lors il faifoit la reuerence, prenant la damoifelle par la main en la remerciant, la reftituoit au lieu ou il l'auoit prife.

Capriol.

Cefte façon de dancer me femble plus louable, que d'y aller fans difpofition, ainfi que ie les y voy aller ordinairement, car le plus fouuét le danceur torne le doz à la damoifelle, ou qui vault auffi peu : la damoifelle torne le doz au danceur pendant qu'il faict quelque paffage.

Arbeau.

Depuis quelque temps on dance la gaillarde d'vne façon qu'ils appellent la lyonnoife, en laquelle le danceur faifant place à vng aultre, prend congé de la damoifelle, la laiffe & fe retire: Elle ainfi laiffee feulle, continue la dance peu de temps, puis va choifir vng aultre danceur, & aprés auoir dancé par enfemble, elle prend congé de luy, & le laiffe feul & fe retire: Et fe continuent ces changements tant que la gaillarde dure.

Capriol.

S'il nya pas affez de filles ou de danceurs pour changer, peult on choifir ceulx qui ia ont dancé?

Arbeau.

Vous le pourrez faire. Mais cefte façon a efté introduicte pour faire entrer en la dáce toutes les damoifelles de la compagnie, pour obuier à la mauuaife couftume d'aucungs qui indifcrets en leurs affections, veullent toufiours mener celle qui leur eft fauorite: Et auffi que par le moyen de ces rechanges, les moings belles peuuent eftre appellees à la dance.

Capriol.

Quels mouuements fontneceffaires à cefte dance, que l'on nomme gaillarde?

Arbeau.

La gaillarde eſt appellee ainſi, parce qu'il fault eſtre gaillard & diſpos pour la dancer: Et combien qu'elle ſe dance par vne peſanteur raiſonnable, les mouuemens y ſont gaillards : Car il la fault plus peſante pour vn homme de grande ſtature, que pour vng petit : Daultant que le grand met plus de temps à faire ſes pas & à getter & retirer ſes pieds que le petit. Elle comprend ſoubz ſoy le tourdion que nous vous auons dit cy deuant deburoit eſtre dancé à l'yſſue du retour de la baſſe dance: Mais ledit tourdion ſe dance plus doulcement, & auec actions & geſtes moings violents.

Capriol.

Quels mouuements ſeruent à la gaillarde & au tourdion?

Arbeau.

La gaillarde deburoit tenir ſix aſſiertes de pieds, conſideré qu'elle conſiſte de ſix minimes blanches ſonnees par deux meſures ternaires ainſi:

Toutes fois elle ne tient que cinq aſſiettes de pieds, parce que la cinquieme & penultime notte & minime blanche eſt conſummee & perdue en l'air, comme vous voiez cy deſſoubz ou elle eſt deffaillante, & en ſon lieu y eſt mis vng ſouſpir equipolent à icelle: Tellement qu'il n'y demeure que cinq nottes: Et en comptant pour chacune notte vne aſſiette de pied, fault faire compte de cinq aſſiettes, & non plus,

C'eſt donc ce que i'entends ſi ſouuent dire que le danceur de gaillarde doibt auant toutes choſes ſçauoir ſes cinq pas: Mais

comment faict-on ces cinq pas ou assiettes?

Arbeau.

Il y a plusieurs manieres d'assiettes, par les meslanges desquelles on bastit les diuersitez des passaiges: Et d'icelles sont tirez & procreez les vocables propres seruants à cest art.

Capriol.

Vous les m'auez cy deuant nommez & apris : N'est-ce pas reuerence, branle, deux simples, double, & reprinse, desquels m'auez donné par escript les caracteres R b ss d r.

Arbeau.

Les assiettes de la gaillarde & du tourdion sont aultres, comme ie vous exprimeray, & non sans raison, parce que les marches & mouuements de la pauane & de la basse-dance sont pesants & graues : Et ceulx de la gaillarde & du tourdion sont legiers & gaillards, tellement que les ieusnes hommes de vostre aage sont plus aptes à les dancer que les vieillards cõme moy: Et pour plus claire intelligence, ie vous en donneray les figures, & leurs noms dessus, si le treuuez bon, & treuuezqu'il vous soit necessaire de les auoir.

Capriol.

Ie vous prie faire en sorte que ie puisse aiseement comprendre ce qu'il vous plaira m'enseigner, & ny point espargner les figures, car ie treuue qu'elles seruét grandement à l'intelligence de la parolle & à la memoire locale.

Arbeau.

Au commencement d'vne gaillarde, il fault presupposer que le danceur tenant la Damoiselle par la main, faict la reuerence lors que les ioueurs d'instruments commencent à sonner, laquelle reuerence faicte, se renge en vne contenance belle & decente. Pour faire la reuerence, vous tiendrez le pied gaulche ferme à terre, & pliant le iarret de la iambe droicte, porterez la pointe de l'arteil de la semelle droicte derrier ledict pied

gaulche:Oſtant voſtre bonnet ou chappeau , & ſaluant voſtre
Damoiſelle & la compagnie, comme voyez en ceſte figure:

Reuerence.

Aprez que la reuerence eſt ainſi faicte redreſſerez le corps, &
recouurát voſtre teſte, retirerez voſtredict pied droict, & vous
mettrez & poſerez les deulx pieds ioincts, que nous entendons
eſtre contenance decente, quand les deulx pieds ſont tellemét
diſpoſez

diſpoſez, quilz ſont l'vn au droict de l'aultre, comme vous voyez
en la figure cy deſſoubz, les arteils deſquels ſont dirigez en li-
gne droicte, & ſoubſtiennent egallement le corps du danceur.

Pieds ioincts.

Et ſi d'auanture l'vne des ſemelles demeure directement poſee
pour ſoubztenir ſeulle la peſanteur du corps, & le tallõ de l'aultre pied ſe ioinct a icelle, & torne l'arteil obliquement : Ceſte
contenance ſera appellee pieds ioincts oblique, dont il en eſt de
deux ſortes. Sçauoir pied ioinct oblique droict, quand le pied
droict ſe repoſe obliquement, & que le gaulche direct ſoubztient le corps du danceur: L'aultre ſorte eſt appellee pied ioinct
oblique gaulche, quand le pied gaulche ſe repoſe obliquemét,
& que le pied droict ſoubztient le corps du danceur.

Capriol.

Vous ne me dictes point comme pourra eſtre ceſte obliquité, ce que ie ne vous demande pas ſans cauſe, car les Geometres
tiennent qu'entre les lignes de l'eſquierre, il y a infinies ſignes
obliques.

L

Ceſte obliquité eſt delaiſſee à l'arbitraige du danceur, tellement que s'il luy plait, il mettra le pied qui ſe repoſe à l'eſquierre
contre le pied qui ſouſtient le corps, ou en tel lieu qu'il luy plaira, entre deux, approchant le pied ioinct, pourueu que ce ne ſoit
ledit pied ioinct: Car de paſſer le traict de l'eſquierre, la flexion
de la iambe ne le permect naturellement : Voyez cy la figure
dudit mouuement des pieds ioincts obliques.

Pied ioinct obli-
que droict.
Pied ioinct obli-
que gaulche.

Les mouuements de ces pieds ioincts vous apprendront que
ceſt des mouuements contraires, que nous appellons pieds lar-
gis, qui ſe font quand les deux pieds ſont a terre, portans tous
deux eſgallement la peſanteur du corps, mais en lieu d'eſtre
ioincts, ils ſont eſlargiz l'vn de l'aultre competemment, non pas
d'vn eſlargiſſement forcé & contrainct comme eſtoiét les pieds
du Coloſſe repreſentant la ſtatue du Soleil, getté en cuyure
par Coloſſus ou Charetes diſciples de Lyſippus planté à Rho-
des, ayant ſeptante couldees de haulteur, qui peuuent monter à

enuiron cent cinq de noz pieds de Lengres. Ce Coloſſe auoit les iambes eſlargies tant que le naturel le peult endurer, tellement que les nauires paſſoient aiſement entre deux.

Capriol.

Ce n'eſt donc ſans cauſe qu'il eſt nombré entre les merueilles du monde, & fut grand dōmage de ce que cinquante ſix ans aprez il tumba par vn tremblement de terre:Ie vouldrois l'auoir veu, pour eſſayer s'il eſt vray ce qu'on en a eſcript, que peu de gens ſe ſont treuuez leſquels peuſſent embraſſer ſon poulce:Mais laiſſant ceſte hiſtoire, i'entends bien comme voulez que les pieds largiz ſoient faicts, ceſt qu'ils ne ſoient pas trop eſlargiz & eſquartez, ny auſſi trop proches ou ioincts enſemble.

Pieds largyz.

Arbeau.

Ce mouuement & contenance de pieds largiz ſe faict auſſi quand l'vn des pieds porte la peſanteur du corps, & l'aultre pied mis obliquement ſe repoſe, ce qui peult aduenir auſſi en deux ſortes. Sçauoir quand les pieds eſtans largiz, le pied droict ſe repoſe obliquement, & le gaulche ſouſtient le corps du danceur: Et s'appelle pied largy oblique droict:L'aultre ſorte eſt au con-

traire, quand le pied gaulche se repose obliquement, & le pied
droict soustiēt le corps: Et s'appelle pied largy, oblique gaulche.

Pieds largis obli-
que droict.

Pieds largis obli-
que gaulche.

Capriol.

Vous me venez de proposer six manieres de contenances &
mouuements, lesquelles treuuez vous les plus decentes.

Arbeau.

L'vne de celles qui ont le pied oblique me semble plus belle,
car nous voyons és medalles & statues antiques, que les Mo-
nopodes sont treuuez plus artistes & plus aggreables. Et quand
aux pieds ioincts ou aux pieds eslargis directement, ils sentent
leur contenance fœminine: Et tout ainsi qu'il est mal-seát à vne
Damoiselle d'auoir vne contenance hommace, aussi doibt l'hôme euiter les gestes muliebres: Ce que vous pouuez aperceuoir
aux reuerences, car à les faire, les hommes portent brusque-
ment le pied croisé en derrier: & les Damoiselles plient les deux
genoulx doulcement, & se releuent de mesme: Et ce pendant
que ie suis en propos de la reuerence. ie vous veulx dire que
telles reuerences salutatoires que lon faict au commencement,

à la fin, & quelquesfois au meillieu des dances, ne font comprinfes au nombre des mouuements gaillards : Bien y font côprinfes deux aultres fortes de reuerences paffagieres, ceft a dire feruants a aulcuns paffages de la gaillarde.

Capriol.

Quelle difference y a-il entre ces paffagieres & les falutatoires.

Arbeau.

En la reuerence paffagiere, il ne fault point ofter le bonnet ou chappeau : Et combien qu'elle foit quafi faicte de mefme, en pliant le iarret & mettant le pied derrier, fi eft-ce qu'elle fe faict en plus brief temps, comme vous fçaurez plus à plain : Il en eft de deux fortes, l'vne quand le pied gaulche fouftenât le corps, le pied droict fe croife en derrier, & s'appelle reuerence paffagiere droicte. L'aultre forte eft quand le pied droict fouftenant le corps, le pied gaulche fe croife en derrier, & s'appelle reuerence paffagiere gaulche.

Reuerence paffa-giere droicte.

Reuerence paffa-giere gaulche.

En pourfuyuant le denombrement des pas & mouuements, ie diray qu'il y a vn mouuement qui s'appelle pied croifé, quand on gette l'vn des pieds pour fouftenir le corps, & en mefme in-

ſtant on met l'aultre pied en l'air deuant la greue, & ſe faict en
deux ſortes: ſçauoir quand le pied gaulche ſouſtient le corps, &
le droict eſt croiſé en l'air deuant ledit gaulche , & s'appelle
pied croiſé droict: Et au côtraire quand le pied droict ſouſtient
le corps du danceur, & le pied gaulche eſt croiſé en l'air deuant
la greue dudit pied droict, & s'appelle pied croiſé gaulche.

Pied croiſé droict. Pied croiſé gaulche.

Capriol.

Voila deſia de pluſieurs ſortes de geſtes & mouuements.

Arbeau.

Il vous tarde (à ce que ie peulx cognoiſtre) que vous com-
méciez a faire les cinq pas, mais il ny a remede, il fault que vous
ayez patience d'eſcouter comme ſont faicts tous les mouuements: Car vous ſçauez qu'é l'art de grammaire, le diſciple faict
premierement amas de noms verbes & aultres parties de l'oraï-
ſon, puis il apprend à les lier enſemble congruement. Ainſi en
l'art de dancer, il vous fault premieremét ſçauoir pluſieurs particuliers mouuements, puis par le moyen des compoſitiôs que
l'on vous donnera par la tabulature, ſçaurez le tout.

Capriol.

Pourroy ie pas faire lefdicts affemblements à ma phantaifie, quand ie fçauray les mouuements particuliers.

Arbeau.

Vous le pourriez : Mais il ne vous y fauldroit pas arrefter, que ne les euffiez communiquez aux bons danceurs : Et eft bien le meilleur de faire amas de paffages ia inuentez & receuz, car il y a ie ne fçay quelle grace en aucuns paffages qui ne fe treuue pas en d'aultres.   *Capriol.*

Pourfuyuez s'il vous plaift le refte des mouuements.

Arbeau.

Aulcunesfois l'vn des pieds eftant getté & pofé pour fouftenir le corps, on marche du bout de l'arteil de l'autre pied, contre celuy qui eft a terre: Et ce mouuement s'appelle marque pied, fçauoir marque pied droict. quand l'arteil du droict faict ladicte marche: Et marque pied gaulche, quand l'arteil du pied gaulche faict ladicte marche.

Marque pied droict.   Marque pied gaulche.

Quand au contraire on marche du tallon de l'vn des pieds, l'aultre pied eftant getté, pour demeurant ferme. fouftenir le corps de celuy qui dance, cefte forte de mouuement fe nomme:

Sçauoir marque-tallon droiĉt, quand le talon du pied droiĉt
opere , & marque-talon gaulche,quand le talon du pied gaulche y eſt employé.

Marque talon droiĉt.   Marque talon gaulche.

Capriol.

Quand à la denomination de ce mouuement marque talon,
il me ſemble qu'elle ſoit bien appliquee, mais vous deuiez dóc
nommer le precedent mouuement marque arteil, & non pas
marque pied.

Arbeau.

Vous auez raiſon : Et le pourrez ainſi denommer ſi voulez:
Mais ie l'ay faiĉt parce que ce mot de marque arteil eſt plus rude & faſcheux à pronuncer,que ce mot de marque pied.

Capriol.

Les Polonois(à ce que iay ouy racompter)marchent ordinairement ſur leurs arteils.

Arbeau.

Leurs talons ſont ſouſtenuz & eſleuez par le liege ou ferre-
ments mis en leurs ſouliers , & ne laiſſent de courir auſſi legierement comme nous: Et ſi vous y aduiſez de prez, treuuerez
comme tous les animaulx(peu exceptez)marchent de ceſte façon.

çon : Cela eſt cauſe que les Polonois ſe monſtrent plus grands de deux ou trois doigs qu'ils ne ſont.

Pour retourner à propos des mouuements de la gaillarde, ſça-chez encor qu'il y a vn certain mouuement & aſſiette de pieds, que nous appellons coup de pied, ou greue, quád le dáceur get-re l'vn des pieds pour ſouſtenir le corps, & il eſleue l'autre en l'air en deuant, cóme s'il vouloit donner vn coup de pied à quelcun : et ſe fait tel mouuemét en deux manieres : ſçauoir le pied droiĉt eſleué, que l'on nomme greue droiĉte, & quand le pied gaulche eſt eſleué, on le nomme greue gaulche.

Quelquesfois ceſte eſleuation de pieds ne s'eſleue qu'vn peu hors de terre, & ne s'auance q̃ point ou peu en deuant : Et ſe nõ-me pied en l'air droiĉt, ſi le droiĉt eſt eſleué, ou pied en l'air gaul che, ſi le pied gaulche eſt eſleué : Vne meſme figure ſeruira pour leſdiĉtes deux ſortes de mouuemérs, ſeullemét vous fauldra ſou uenir, q̃ quát treuuerés en la tabulature ces mots de pied en l'air, ledit mouuement ſe debura faire quaſi rampant par terre , & doulcement comme le feroit vne Damoiſelle, & de telz pas & mouuements on vſe en dançant le tourdion : Et quand treuue-rez en ladiĉte tabulature ce mot de greue, ledit mouuement ſe debura faire fort eſleué & hardiment.

Capriol.

Il me ſouuiendra fort bien de ceſt aduertiſſement, & me ſou uient bien auſſi de la raiſon que m'en auez donnee cy deuant, car en dançant le tourdion, on tient touſiours la Damoiſelle par la main : Et qui danceroit ledit tourdion trop rudement, on donneroit trop de peines & de ſargots à ladiĉte Damoiſelle.

Arbeau.

Auiourd'huy les danceurs n'ont point ces honneſtes conſide-rations en ces voltes & aultres ſemblables dances laſciues & eſgarees que l'on a amené en exercice , en dançant leſquelles, on faiĉt bódir les Damoiſelles de telle mode, que le plus ſouuêt

M

elles monftrent à nud les genoulx, fi elles ne mettent la main à
leurs habits pour y obuier.

Capriol.

Cefte mode ne me femble belle ny honnefte, fi ce n'eft pour
dancer auec quelque bonne galoife de chambeliere.

Arbeau.

Ie ne laifferay de vous donner cy aprez la tabulature pour la
dancer : Ce pendant voiez cy les figures des mouuements de
greue & de pied en l'air.

Greue droicte,
O V
Pied en l'air droict.

Greue gaulche,
O V
Pied en l'air gaulche.

Ledit mouuement de greue eft faict & caufé aulcunesfois,
quand le danceur gette & met l'vn de fes pieds en la place de
l'aultre pied, & cependant ledit autre pied eft efleué en l'air deuant: Et tel mouuement s'appelle entretaille , & en eft auffi de
deux fortes, comme il y a deux fortes de greue : Sçauoir entretaille du gaulche, caufant greue droicte, & entretaille du droict,
caufant greue gaulche.

Capriol.

I'entends bien cela, ce n'eſt touſiours que le meſme mouue-
mẽt, fors qu'il commence par ceſte entretaille.

Arbeau.

Le mouuement contraire à la greue ſe fait, quand le danceur
pour ſouſtenir ſon corps ſe gette ſur vn pied , & il eſleue l'autre
pied en derrier, & tel mouuement eſt nommé ruade: Sçauoir
ruade droicte , ſi le pied droict ſe haulſe en derrier: Et ruade
gaulche, ſi le pied gaulche eſt eſleué en derrier.

Ruade droicte.　Ruade gaulche.

Si l'vn des pieds eſt eſleué à couſtiere de l'aultre, & non en
deuant cóme la greue, ny en derrier comme la ruade: Ce mouuement s'appelle Ru de vache , parce que les vaches ruent de
ceſte mode à couſté, & non en derrier comme les cheuaulx:
dont il en eſt auſſi de deux ſortes, Ru de vache droict, quand le
pied gaulche eſt getté pour ſouſtenir le corps, & le pied droict
eſt eſleué: Et Ru de vache gaulche, quand le pied droict eſt getté pour ſouſtenir le corps, & le pied gaulche eſt eſleué.

Capriol.

Ce mouuement de Ru de vache n'eſt pas guieres vſité, comme ie croy.

M ij

Arbeau.

A la verité il n'eſt pas guieres mis en pratique, mais ie ne l'ay peu obmettre, affin de ne riens laiſſer en arriere pendant que nous ſommes en propos des mouuements & pas de la gaillarde: Et ſeruiront ces meſmes non à la gaillarde ſeullement : Mais auſſi aux aultres dances dont nous parlerons cy aprez.

Capriol.

Ce ſera donc aultant de beſoigne faicte quand viédrez à traicter deſdictes aultres dances,

Arbeau.

Il y aura quelque peu de limitation à deſduyre.

Capriol.

Quelle limitation?

Arbeau.

Ie les vous diray quand nous en ferons en propos: Pour le preſent, voiez les figures des ceux ſortes de Ru de vache, dont ie vous viens naguieres de parler.

Ru de vache droict. Ru de vache gaulche.

Quand les deux pieds ſont gettez & poſez à terre, l'vn deuát & l'autre derrier, ſupportans tous deux enſemblément le corps

du danceur , ceſte contenance & mouuement s'appelle poſition, ou poſture, laquelle ſert ordinairement pour faire les cadances: Et ſe fait en deux façons, quand le pied droict eſt deuát,
cela s'appelle poſture droicte: Er ſi le pied gaulche eſt deuant, il
s'appelle poſture gaulche: En ces poſtures, il y a vn petit aduertiſſement, c'eſt que leſdites poſtures ont meilleur grace quand elles ſe font le pied derrier poſé ſur terre vn peu plus toſt que celuy deuant: Car quand on les poſe tous deux enſemblément, il
ſemble que ce ſoit vn ſac de bled qui ſoit deſchargé a terre.

Poſture droicte.   Poſture gaulche.

Capriol.

l'ay remarqué, qu'en tous ces mouuements cy deuant men-
tionnez, il y a touſiours l'vn des pieds, ou tous les deux a terre.

Arbeau.

Vous dictes vray: Et certainement ceux qui n'ont qu'vn pied
a terre, ſont plus gaillards : Mais il y a vn mouuement appellé
ſault, qui ſe fait quand les deux pieds ſont hors de terre eſleuez
en l'air, qui eſt encor plus gaillard: Et debuez entendre qu'il eſt
deux ſortes de ſaultz, ſçauoir ſault majeur, & petit ſault: Quand

au petit fault,il fait partie & portion des mouuements , & n'a
point de notte en la tabulature qui le designe.

Capriol.

Ie n'entends point ce que vous dictes.

Arbeau.

Imaginez que vous foyez les pieds ioints:Si la tabulature vous
commande de faire vne greue droicte,comment feriez vous?

Capriol.

Ie laifferois mon corps fur le pied gaulche , & efleuerois le
pied droit en l'air en deuant.

Arbeau.

La greue droicte feroit paffable ainfi , mais elle ne feroit pas
gaillarde,ceft pourquoy en lieu de laiffer le gaulche à terre , il le
fault pofer de nouueau:Et pource faire , il eft neceffaire de faire
vn petit fault fur ledit pied gaulche: Et en mefme inftant faire la
greue du pied droict:Quoy faifant, vous entendez affez que ledit fault eft comme ie vous difois , partie dudit mouuement de
greue: Et ainfi fault vfer dudit petit fault en tous les aultres pas
& mouuements ou l'vn des pieds s'efleue en l'air, & auffi fi vous
y prenez garde , ie vous ay dit qu'il failloit getter & pofer les
pieds : Pour cefte caufe, quand ie vous donneray par efcript la
tabulature de la gaillarde,ie taiferay ledit petit fault , & vous ef-
criray feullement lefdits pas & mouuements, d'aultant qu'il y
eft fubentendu & comprins.

Capriol.

Qu'eft ce que le grand fault?

Arbeau.

Ceft vn mouuement à part, qui precede la cadance, & fera notté & nombré en la tabulature de gaillarde par vn foufpir,
qui tient place de l'vne des fix minimes blanches des mefures
ternaires, defquelles confifte la gaillarde, tellement que ledit
grand fault equipole en duration de temps à l'vn des aultres

cinq pas ou mouuements.

Capriol.

Pour faire donc les mesures du temps necessaires aux cinq pas,
il fault faire quatre mouuements, puis vn sault majeur, puis la
posture.   *Arbeau.*

Cela est vray, quand on faict cadance, que les musiciens appellent *Clausulam*, & se treuuent plusieurs danceurs si agiles, qu'en
faisant ledit sault majeur, ilz remuent les pieds en l'air, & tel re-
muement est appellé capriole, comme voyez en ceste figure cy
dessoubz: Mais il la fault faire si dextrement, qu'elle conuienne
iustement à la posture, qui suyt ordinairement le sault majeur
pour faire ladicte cadance.

CAPRIOLE.

Capriol.

I'apprendray voluntiers ceste capriole puis qu'elle porte mõ
nom: Mais qu'appellez vous cadance.

Arbeau.

Cadance n'est aultre chose qu'vn sault majeur suiuy d'vne posture: Et comme vous voiez qu'és chãsons musicales, les ioueurs
d'instruments ayans ioué l'accord penultime, se taisent vn peu

de temps: Puis iouent le dernier accord pour faire fin doulce &
harmonieuſe, ainſi le ſault majeur qui eſt quaſi comme vn ſilen-
ce des pieds & ceſſation de mouuements eſt cauſe que la poſture qui le ſuyt ha meilleur grace, & ſe treuue plus aggreable:
Oultre ce, vous pouuez entendre, que ſi le danceur ne faiſoit ce
ſault, il fauldroit qu'à chacune des ſix minimes blanches de la
gaillarde, il fiſt mouuements, qui ſeroient en nombre ſix, &
ainſi retumberoit ſa cadance touſiours ſur vn meſme couſté: Ce
qui n'aduient pas, a cauſe dudit ſault, qui fait que les mouuements & pas ſont impairs, & conſequemment la cadance tum-
be d'vn couſté, puis aprez d'vn aultre.

Capriol.

Quel inconuenient ſi la cadance tûboit touſiours d'vn couſté?

Arbeau.

Sçauez vous pas bien que la varieté delecte: et que meſme choſe repetee eſt odieuſe, teſmoing Ladage cõmun, Crambe repetita:
Et le vers d'Horace ſi ſouuent allegué:

Ridetur chorda qui ſemper oberrat eadem.

Capriol.

Fait-on ceſte cadance touſiours ſur la ſixieſme minime blanche?   Arbeau.

Ordinairement, & le plus ſouuent, vray eſt qu'il y a quelques
adnotations a faire: Mais ie uous en parleray quand il viendra à
propos, dont ie vous en diray preſentement ceſte cy, qui eſt que
le danceur faict ſix aſſiettes & mouuements de piedz ſur toutes les ſix nottes, & paſſe & dilaye la cadance, iuſques ſur la dou-
zieme notte, en gardant le ſoulpir pour faire le ſault ſur la vnzieme, & ainſi demeure le paſſage de vnze pas: Et ſi ledit danceur
veult, il paſſe & dilaye la cadance, iuſques à la dixhuictieſme
notte, & fait vn ſoulpir pour le ſault majeur ſur la dixſeptieſme
notte, & ainſi demeure ledit paſſage de dixſept pas, le danceur
peult encor paſſer la cadance & la dilayer, iuſques à la vingt-
quatrieſme.

quatriefme,ou trentiefme ou trentefixieme notte : Et ainfi có-
fequemment,faifant paffages de vingt trois,vingt neuf,& trente cinq pas: Mais ie ne vous confeille point d'en vfer, parce que
les fpectateurs fe pourroient ennuyer d'attendre trop long
temps ladicte cadance,& auroient opinion que fuffiez hors de
ceruelle : Et à la verité la memoire fe pourroit troubler en paffages fi longs.

Capriol.

Sont-ce la tous les pas, affiettes, & mouuements defquels on
vfe en la gaillarde?

Arbeau.

Ce font ceulx qui pour le prefent me font venuz en memoire : Si en regardant les bons baladins vous prenez garde qu'ilz
en facent d'aultres,vous les mettrez en efcript,& leur donnerez tel nom que bon vous femblera.

Capriol.

Me voila tenant vne Damoifelle par la main, ma reuerence
faicte,mon chappeau remis,&en contenance decente,par quel
bout me fauldra-il commencer?

Arbeau.

Vous ferez voz pas & mouuements felon la tabulature que
vous aurez mife en memoire : Mais ie vous confeillerois d'y
eftre modefte,ceft à dire de dácer par terre , garder les cinq pas
doulcement,comme fi vous danciez le tourdion, & oultre ce,
de faire vn tour de falle tenant toufiours voftre Damoifelle,
puis quand vous ferez en train prenant congé d'elle,la laifferez
dancer à part,& commencerez à dácer voz cinq pas plus hault,
iufques à ce que vous ferez au deuant d'elle : Et alors auec gail-
lardife ferez tels paffages que bon vous femblera : Car fi d'entree vous faultiez trop gaillardement il fembleroit que voulfif-
fiez rompre(comme on dit)l'andouille au genoil.

Capriol.

N

I'en ay veu maintes lefquels demeurent affez long temps,en
fe guindant le corps auparauant que de marcher & dancer.

Arbeau.

Ie ne prife pas cefte façon,parce qu'ilz fe rendent fubgects à
ce que leur obgecte le Poëte.

Quid dignum tanto feret hic promiffor hiatu.

Capriol.

Donnez moy en premier lieu l'air d'vn tourdion , puis vous
me donnerez l'air de la gaillarde.

Arbeau.

L'air du tourdion & l'air d'vne gaillarde font de mefmes , &
ny a difference finon que le tourdion fe dance bas & par terre
d'vne mefure legiere & concitee:Et la gaillarde fe dance hault
d'vne mefure plus lente & pefante:Tandiz vous faictes bien de
demander l'air d'vn tourdion : Car quand les airs font cogneuz
par le danceur , & qu'il les chante en fon cœur auec le ioueur
d'inftrument,il ne peult faillir à les bien dancer: Vous prendrez
donc l'air qui s'enfuyt pour tous les aultres tourdions , dont il
en y a des diuerfitez innumerables.

Capriol.

Ie comprends bien ceft air:Mais ie ny apperçois point les cadances dont m'auez parlé.

Arbeau.

Ie vous ay diſtingué par baſtons & lignes perpendiculaires
les limites des cadances, leſquelles vous pouuez de vous meſmes reduire ainſi.

Capriol.

Ie le comprends bien mieulx que ie ne faiſois, ne me reſte
qu'à ſçauoir quels mouuements ie mettray en œuure.

Arbeau.

Faiƈtes pied en l'air gaulche durant la premiere minime blan-
　　che, pour le premier pas.

Puis pied en l'air droiƈt ſur la ſeconde minime blanche, pour le
　　deuxieſme pas.

Puis pied en l'air gaulche ſur la troiſieſme minime blanche
　　pour le troiſieſme pas.

Puis pied en l'air droiƈt ſur la quatrieſme minime blanche
　　pour le quatrieſme pas.

Sur le ſouſpir qui tient place d'vne minime blanche, faiƈtes vn
ſault moyen, conſideré que ceſt vn tourdion que vous dancez.

Sur la derniere minime blanche, faiƈtes vne poſture gaulche
　　pour le cinquieſme pas.

Continuant voſtre tourdion, changez & faiƈtes à droiƈt ce que vous aurez fait a gaulche, & a gaulche ce que vous aurez fait a droict, sçauoir:

Pied en l'air droict sur la premiere minime blanche pour le premier pas.

Puis pied en l'air gaulche sur la seconde minime blanche pour le second pas.

Puis pied en l'air droict sur la troisiesme minime blanche pour le troisieme pas.

Puis pied en l'air gauche sur la quatrieme minime blanche pour le quatrieme pas.

Sur le soulpir qui tient place d'vne minime blanche, faictes le sault majeur, qui precede la posture : Mais vous ferez ledit sault mediocre, attendu que dancez le tourdion & non la gaillarde.

Sur la derniere minime blâche, faictes vne posture droicte pour le cinquieme pas.

Et ainsi continuez tant que le ioueur d'instrument continuera de iouer, de permuter & tumber reciproquement en cadance, à l'vne des fois en posture gaulche, & l'aultre fois en posture droicte. Et affin que le tout vous soit plus facile à conceuoir, ie vous feray icy vne tabulature de ce que ie vous viens de dire, qui vous representera le tout en vn clin d'œil. Car ie vous mettray encor par escript l'air de ce tourdion, & au droict de chaque notte, ie vous donneray par escript lesdits pas & mouuements : Et me delibere d'en faire de mesme l'air d'vne gaillarde: Ladicte tabulature vous seruira pour toutes les aultres gaillardes, qui sont aussi innumerables.

Capriol.

Aprez que le ioueur d'instrument à finy le tourdion . fault il pas faire vne reuerence salutatoire pour prendre congé de la Damoiselle.

Arbeau.

Ouy, & la fault doulcemét restituer en la place ou l'auez prinse, en la remerciant de l'honneur qu'elle vous a faict.

Tabulature pour dancer le tourdion incontinēt aprez le retour de la baſſe-dance.

Air du tourdion reduict en minimes blanches ,qui font la meſure du temps.

Mouuements que le danceur doibt faire en dançant le tourdion, lequel ſe dance incontinent apres la baſſe-dance.

Pied en l'air gaulche.
Pied en l'air droict.
Pied en l'air gaulche.
Pied en l'air droict.
Sault moyen.
Poſture gaulche.

Le reuers des precedents.

Pied en l'air droict.
Pied en l'air gaulche.
Pied en l'air droict.
Pied en l'air gaulche.
Sault moyen.
Poſture droicte.

Comme au commencement.

Pied en l'air gaulche.
Pied en l'air droict.
Pied en l'air gaulche.
Pied en l'air droict.
Sault moyen.
Poſture gaulce.

Pied en l'air droict.
Pied en l'air gaulche.
Pied en l'air droict.
Pied en l'air gaulche.
Sault moyen.
Posture droicte.

Les mouuements de marque-pied & de marque talon se font assez doulcement, & les pourriez mettre en vsage en lieu des pieds en l'air ainsi.

Air du tourdion.

Mouuements pour les cinq pas du tourdion.

Marque-pied gaulche.
Marque-talon gaulche.
Marque-pied droict.
Marque-talon droict.
Sault moyen.
Posture gaulche.
Marque-pied droict.
Marque-talon droict.
Marque-pied gaulche.
Marque-talon gaulche.
Sault moyen.
Posture droicte.

Capriol.

Ie treuue fascheuse ses reductions en cadances : Seroit-ce pas tout vn de partir le tourdion par bastons, lesquels enfermeroiét deux mesures ternaires, & faire sur la derniere mesure vn pas, vn sault majeur, & vne posture :

Arbeau.

Tout reuiendroit à vn: Et ne vous auois proposé ladicte reduction sinon pour vous enseigner plus clairement voz cinq pas:
Ie n'vseray donc plus de reduction: Et laisseray en la tabulature
l'air de la gaillarde en sa forme, sans y riens reduyre: Seullement
souuenez vous d'employer les pas selon les mesures du temps
que l'air monstrera en leur marge: Et iugez que sera cadance
semblable des mesures escriptes & nottees cy dessoubz, desquelles la troisiesme est reduicte.

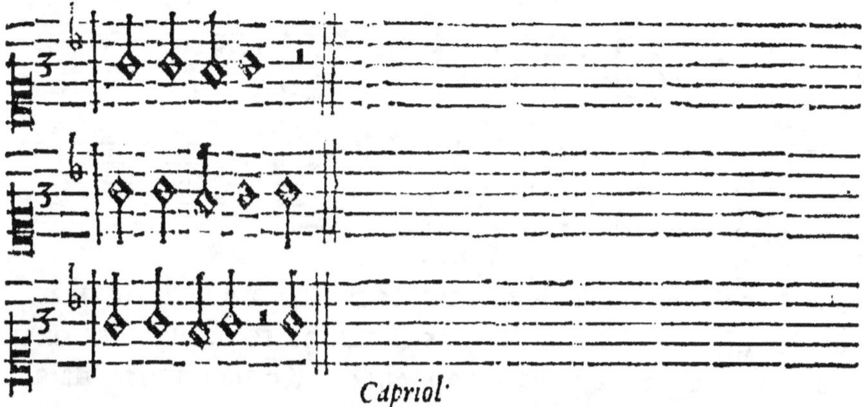

Capriol·

La deuxieme mesure du ternaire que vous appellez cadance,
ne peult-elle estre d'aultre musique, que de l'vne de ces trois
qu'auez icy nottees.　　　　　*Arbeau.*

Elle peult estre de plusieurs aultres sortes, telles qu'il plait au
compositeur, & que l'air de la gaillarde le requiert: Et fault ne-
cessairement que ladicte deuxieme mesure face cadance, ou
qu'elle passe sans cadance iusques à la quatrieme mesure, que
nous auons dit estre passage d'vnze pas, ou iusques à la sixieme
mesure, que nous auons dit estre passage de dixsept pas.

Capriol..

Il est temps que me dõniez la tabulature des pas de la gaillarde.

Arbeau.

Il est de tant de gaillardes par escript, que ie ne sçay laquelle

choiſir pour commencer & y prendre pied:Du commancemét
que i'apprins à dancer à Poictiers, noſtre maiſtre en ſonnoit vne
qu'il appelloit *La traditore my fa morire*, de laquelle l'air eſtoit tenu
des plus beaulx entre toutes les aultres gaillardes: Ie la vous
veulx icy notter en muſique.

Air de la gaillarde appellee, *La traditore my fa morire.*

Capriol.

Ie tiens ceſte air merueilleuſement aggreable:A Orleans quát
nous donnions des aulbades , nous auions touſiours ſur noz
Lutz & Guiternes la gaillarde appellee la Romaneſque: Mais
ie la treuuois trop frequentee & triuiale: I'en apprins vne ſur le
Luth que ie voyois voluntiers dancer par mes compaignós,par
ce que ie la ſçauois iouer & chanter,& auſſi qu'il me ſembloit
que les pas y eſtoient bien marquez, par ceulx qui la dançoient:
Elle ſe nomme Anthoinette:La voicy en muſique.

Air de la gaillarde appellee Anthoinette.

Arbeau.

Arbeau.

Vrayement l'air de ceſte gaillarde Anthoinette eſt gaillard:
Et puis que l'auez en main, nous le prendrons pour en faire le
premier pied & fondement de la tabulature des pas & mouuements de la gaillarde.

Capriol.

Puis que tous les airs des gaillardes ſe rapportent, ce me ſera
tout vn ſi vous prenez pied ſur la gaillarde Anthoinette, ou ſur
telle aultre que bon vous ſemblera.

Arbeau.

Ie commenceray par voſtre gaillarde ma tabulature : Puis ie
vous en donneray d'aultres, peſle meſle, ſelon qu'elles me vien-
dront en memoire.

Tabulature des cinq pas de la gaillarde, de laquelle les mouuements ſont comme au tourdió,
fors qu'ils ſont faicts plus hault & plus virilemēt,
& en lieu du pied en l'air, le dāceur fera des coups
de pied ou greues.

Air de la gaillarde
Anthoinette.

Mouuements que le danceur
doibt faire en dançāt
la gaillarde.

Greue gaulche.
Greue droicte.
Greue gaulche.
Greue droicte,
Sault majeur.
Poſture gaulche.

O

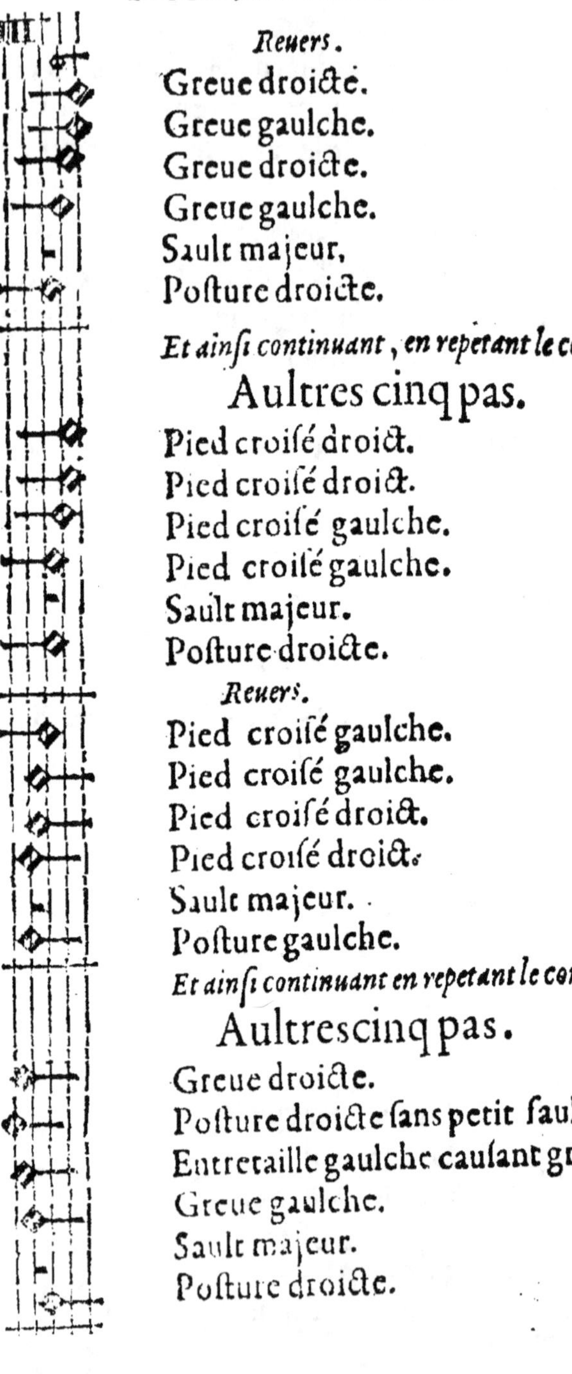

Reuers.
Greue droicte.
Greue gaulche.
Greue droicte.
Greue gaulche.
Sault majeur,
Posture droicte.

Et ainsi continuant , en repetant le commencement.

Aultres cinq pas.

Pied croisé droict.
Pied croisé droict.
Pied croisé gaulche.
Pied croisé gaulche.
Sault majeur.
Posture droicte.

Reuers.
Pied croisé gaulche.
Pied croisé gaulche.
Pied croisé droict.
Pied croisé droict.
Sault majeur.
Posture gaulche.

Et ainsi continuant en repetant le commencement.

Aultrescinq pas.

Greue droicte.
Posture droicte sans petit sault.
Entretaille gaulche causant greue droicte.
Greue gaulche.
Sault majeur.
Posture droicte.

Reuers.
Greue gaulche.
Posture gaulche sans petit sault.
Entretaille droicte causãt greue gaulche.
Greue droicte.
Sault maieur.
Posture gaulche.
Et ainsi continuant en repetant le commencement.

Capriol.
Pourquoy auez vous commandé vne posture droicte sans petit sault sur la deuxieme minime blanche pour le deuxieme pas?

Arbeau.
Il fault conjecturer que les danceurs l'ont treuué ainsi de
meilleur grace pour apporter quelque variation delectable, &
d'auantage aulcuns en lieu de mettre pour ladite posture les
deux semelles à terre, ilz se souftiennent sur le talon du pied
deuant, & tiennent le genoil dudit pied roide & non plié, di-
sans qu'il à meilleur grace

Air de la gaillarde ap-   *Mouuements que le danceur*
pellee Baisons nous   *doibt faire pour dancer*
belle. &c.   *ladicte gaillarde*

Ruade droicte.
Pied croisé ou greue gaulche.
Ruade droicte.
Entretaille droite causant greue gaulche.
Sault maieur.
Posture droicte.

                              O ij

Reuers.

Ruade gaulche.

Pied croisé ou greue droicte.

Ruade gaulche.

Entretaille gaulche causât greue droicte.

Sault majeur.

Posture gaulche.

Et ainsi continuant en repetant le commencement.

Aultres cinq pas.

Piedz ioincts.

Greue droicte.

Ruade droicte.

Entretaille droicte causât greue gaulche.

Sault majeur.

Posture droicte.

Reuers

Piedz ioincts.

Greue gaulche.

Ruade gaulche.

Entretaille gaulche causât greuè droicte.

Sault majeur.

Posture gaulche.

Et ainsi continuant en repetant le commencement.

Vous pourrez mettre és cinq pas cy dessus, en lieu des piedz ioincts des postures, & encore faire lesdites postures non en auant, mais de cousté comme si c'estoit vn pied largy.

Capriol.

Vous commandez de continuer en repetant le commencement: Ainsi faisant on ne feroit qu'vne sorte de cinq pas en vne gaillarde.

Arbeau.

Cela ſe remettra à la volunté du danceur, car s'il veult, en lieu de repeter comme au commencement, il mettra en auant vne forte nouuelle de cinq pas, & ne ſçauroit eſtre que bon d'ainſi le faire, pourueu toutesfois qu'il ayt fait le reuers de ſes premiers cinq pas: Et ſi le danceur ſe treuue preſſé, & auoir faulte de place, qu'il ne puiſſe marcher tout droit, il pourra dancer leſdits cinq pas en ronde, & en tornant ſon corps taſcher à ſe retreuuer planté deuant ſa Damoiſelle.

Capriol.

Fauldra-il que ie dance mes cinq pas allant tout droit, quand la place y ſera?

Arbeau.

Quand ie parle d'aller tout droit, i'entends de ne point torner le corps entierement, car ſera dancer d'vne bonne grace ſi vous tornez maintenant le couſté droit, maintenant le couſté gaulche deuers la Damoiſelle, comme ſi vous vouliez eſcrimer: La greue droicte deſire de monſtrer le couſté droit, & la greue gaulche deſire de monſtrer le couſté gaulche.

Capriol.

Il m'eſt aduis que par les meſlanges des mouuements diuers que m'auez figurez, ie compoſerois bien des cinq pas à ma phantaiſie.

Arbeau.

Faire le pourriez certainement: Mais il fault que nottiez qu'il y a des cinq pas appellez cinq pas, parce qu'ils ſont meſurez par les meſmes meſures du temps que les cinq pas ſont meſurez: Et neantmoins ont plus ou moins de cinq mouuements. Et ceſte conſideration prouient des meſures extendues ou racourſies: Car puis qu'il y a deux meſures ternaires en vne cadance, & que leſdites deux meſures tiennent ſix minimes blanches, dont l'vne eſt conuertie en vn ſouſpir, reſtans quatre auec la poſture, il s'é-ſuyt bié que ſi on coupe les quatre premieres chacune en deux,

seront huict noires en lieu de quatre blanches, & en adaptant à
chacune notte son mouuement, il y aura (auant la posture) huict
pas en lieu de quatre, & en tout la posture comprise seront
neuf pas.

<table>
<tr><td>Air de la gaillarde ap-
pelle Si t'ayme ou
non, &c.</td><td>Cinq pas de deux mouuements
que le danceur peult faire
en dançant la gaillarde.</td></tr>
</table>

pieds ioincts ou greue droicte.

sault majeur, auec capriole.

Posture gaulche.

Reuers.

Piedz ioincts ou greue gaulche.

sault majeur, auec capriole.

Posture droicte.

Et ainsi continuant en repetant le commencement.

Veyez vous pas cy dessus, que les pieds ioincts ou greue droicte tiennent aultant de temps que trois minimes blanches, & le
sault majeur auec la posture contiennent le reste du temps, &
pour y paruenir, la quatrieme minime blanche est conuertie en
souspir, & anticipee pour faire le sault majeur.

Aultres cinq pas de trois mouuements.

Greue droicte.

Entretaille droicte causãt greue gaulche.

Sault majeur.

Posture droicte.

Reuers.

Greue gaulche.

Entretaille gaulche causãt greue droicte.

Sault majeur.

Posture gaulche.

Et ainsi continuant en repetant le commencemént.

Considerez sur ce que dessus, que la greue tienr deux minimes blanches, l'entretaille faisant greue, tient deux aultres minimes blanches, le sault majeur tient le souspir, equipolent à vne minime blanche, & la posture le temps d'vne aultre minime blanche: Et ainsi tous lesdits cinq pas sont reduits & racoursiz à trois pas, equipolents à cinq.

Aultres cinq pas racoursiz.

Reuerence gaulche.

Pied croisé gaulche.

Sault majeur.

Posture droicte.

Reuers.

Reuerence droicte.

Pied croisé droict.

Sault majeur.

Posture gaulche.

Et ainsi continuant en repetant le commencement.

Aultres cinq pas racoursiz.

Pied croisé droict.

Entretaille droict causãt greue gaulche.

Sault majeur.

Posture droicte.

Reuers.

Pied croisé gaulche.

Entretaille gaulche causãt greue droicte.

Sault majeur.

posture gaulche.

Et ainsi continuant en repetant le commencement.

Capriol.

Vous me debuez donner exemple d'vne cadance contenant
plus de cinq pas & mouuements.

Arbeau.

Il en est d'vne infinité de sortes que vous practiquerez & apprendrez de ceulx de vostre aage, receuez pour le present les
sept pas qui s'ensuyuent, qui sont equipolents, & qui se reduy-
sent aux deux mesures ternaires des cinq pas, parce que comme
voiez en marge les premiere & troisieme minimes blanches,
lesquelles

lefquelles ne deburoient faire chacune qu'vn pas, font chacune
deux pas marquez en la tabulature par deux minimes noires.
Et notterez que deux minimes noires & vne blanche , fur lefquelles le danceur fait deux pieds en l'air & vne greue fans petit fault, s'appellét fleuret, tellement que deux fleuretz, vn fault
majeur,& vne pofture font les cinq pas.

Air de gaillarde.   *Mouuements que le danceur peult
                          faire en cefte gaillarde.*

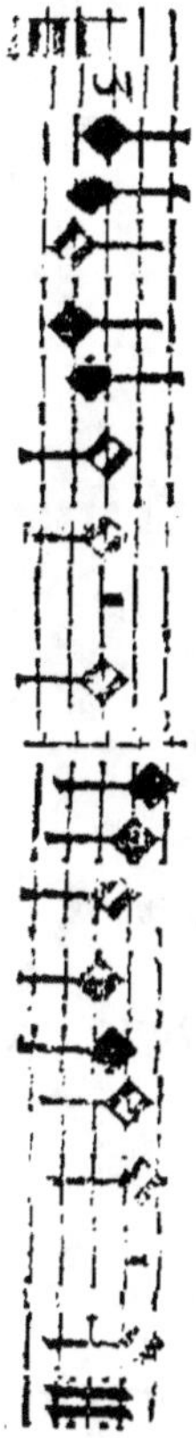

Pied en l'air droict.
Pied en l'air gaulche.   **Fleuret.**
Greue droicte.
Pied en l'air gaulche.
Pied en l'air droict.   **Fleuret.**
Greue gaulche.
Sault majeur.
Pofture droicte.
                Reuers.
Pied en l'air gaulche.
Pied en l'air droict.   **Fleuret.**
Greue gaulche.
Pied en l'air droict.
Pied en l'air gaulche.   **Fleuret.**
Greue droicte.
Sault majeur.
Pofture gaulche.
Et ainfi continuant en repetant le commencement.

Dernierement ie fuz de nopces, ou ie vis faire cinq pas à vn
ieufne homme qui me femblarent de bonne grace: Il les dançoit ainfi:

Air de la gaillarde ap-
pellee La fatigue.

Aultres sortes de mouuements
que le danceur doibt faire
pour ceste gaillarde.

Posture gaulche.
Greue gaulche.
Tornez le corps à main gaulche à la partie op-
posite, & faictes greue droicte.
Greue gaulche.
Sault majeur.
Posture droicte.

Reuers.

Posture droicte.
Greue droicte.
Tornez le corps a main droicte à la partie op-
posite, & faictes greue gaulche.
Greue droicte.
Sault majeur.
Posture gaulche.

Et ainsi continuant en repetant le commencement.

Vous notterez que ces cinq pas augmenteront leur grace, ſi
vous les faictes mignardez.

Capriol.

Qu'appellez vous pas mignardez?

Arbeau.

Vous ferez les pas mignardez, quand extendrez les cinq minimes blanches en dix minimes noires, & qu'en lieu de faire
vn pas en meſme inſtát, auec ſon petit ſault, vous en ferez deux
morceaux, anticipant vn peu ledit petit ſault ſur la premiere
minime noire, & incontinent aprés faiſant le pas ſur la deux-

ieme minime noire:Et telles façons de pas mignardez ne font
à la verité que les cinq pas, mais ils ont meilleur grace & font
moins lourds,car en lieu de tumber le corps à plōb d'vn coup,
on l'affiet en traifnant.

Capriol.

S'il aduenoit que la mufique ne continft que des minimes
blanches,y pourroit-on adapter des fleurets?

Arbeau.

Ouy certes,car ymaginant la derniere minime blanche eftre
couppee en deux noires,des deux premiers pas, vous en feriez
trois , & faifant le femblable de la troifieme minime blanche,
augmenteriez d'vn pas , & ainfi voftre cadance contiendroit
fept pas & mouuements,comme fi la mufique y eftoit nottee,&
ainfi ymaginerez telles recouppes que bon vous femblera , &
yappliquerez ou moins ou plus de pas,côme verrez bon eftre.

Capriol.

Le fault majeur & la pofture tiennent le temps de deux mini
mes blanches. En faifant deux roimmes noires du foufpir, i'en
pourrois donc faire encore vn fleuret, & par ainfi les deux mefures ternaires feroient accomplies par trois fleurets.

Arbeau.

Vous auez raifon:Mais il n y auroit plus de cadance, & fauldroit faire la cadance fur la quatrieme mefure , & cela s'appel-
leroit faire vn paffage,parce que pafferiez vne cadance pour
l'aller chercher plus auant:Et fuppofé que fiffiez aux deux mefures fuyuants deux fleurets & vne pofture . voftre paffage en
tout contiendroit feize pas, à fçauoir neuf pas pour les trois
premiers fleurets,& fept pas pour les deux fleurets,fault majeur
& pofture de la cadance,en tout feize pas Et fi vous vouliez encor paffer & differer voftre cadance iufques à la fixieme mefure ternaire , voftre paffage feroit de vingt cinq pas & mouuements.

ORCHESOGRAPHIE

Vous m'auez cy deuant dit que le premier passage aprez les
cinq pas, se fait d'vnze pas sur la quatrieme mesure, & de dixsept sur la sixieme mesure , & de vingt trois sur la huictiesme
mesure, & ainsi consequemment comptant six pas pour les
deux mesures que l'on passe, & cinq pas pour deux mesures, ou
l'on faict cadance.

Arbeau.

Ie le vous ay dit ainsi : Mais cela s'entend quand on dance vn
pas sur chacune minime blanche : Or est augmenté le nombre
des pas , quand nous couppons vne minime blanche en deux
noires, & que sur chacune minime noire, nous voulons attri-
buer son pas : Quand aussi les passages sont moindres d'vnze,
dixsept , vingt trois pas, & quand nous faisons seruir deux ou
trois minimes blanches a vn seul pas, vous vous souuiendrez de
ce que ie vous ay dit, que l'action du danceur est belle, quand le
mouuement des pieds accompaigne les battements de la musique, comme vous experimenterez en l'air de la gaillarde appellee la Milannoise que voyez cy dessoubs composee d'vn passage d'vnze pas extenduz en quinze par cinq fleurets, suyuis de
cinq pas racourfis en trois pas.

Capriol.

Peult-on pas faire des fleurets en dançant la gaillarde, encore que la musique ne porte point de minime blanche couppee
en deux minimes noires.

Arbeau.

Aiseement, en y maginant ladicte section, encor qu'elle ne soit
pas ainsi nottee, & generalement pourrez , ou par escript , ou
par ymagination former voz mesures , de nottes entieres ou
couppees telles que vouldrez.

Capriol.

I'attends l'air de ceste Milannoise, & la tabulature des pas &

mouuement qu'il y conuient adapter.

	Arbeau.
Air de la gaillarde appel- *lee la Milannoise.*	*Mouuements que le danceur* *doibt faire en dançant* *la gaillarde.*

Pied en la'ir droit, sans petit sault.
Pied en l'air gaulche, sans petit sault.   Fleuret.
Greue droicte.

Pied en l'air gaulche, sans petit sault.
Pied en l'air droit, sans petit sault.   Fleuret.
Greue gaulche.

Pied en l'air droit, sans petit sault.
Pied en l'air droit, sans petit sault.   Fleuret.
Greue droicte.

Pied en l'air gaulche, sans petit sault.
Pied en l'air droit, sans petit sault.   Fleuret.
Greue gaulche.

Pied en l'air droit, sans petit sault.
Pied en l'air gaulche, sans petit sault.   Fleuret.
Greue droicte.

Pied croisé droit, sans petit sault.
Reuerence passagiere droicte, Ou en-
tretaille du droit causant greuegaulche.
Sault majeur.
Posture droicte.

ORCHESOGRAPHIE

Pied en l'air gaulche, sans petit sault.
Pied en l'air droit, sans petit sault.   **Fleuret.**
Greue gaulche.

Pied en l'air droit, sans petit sault.
Pied en l'air gaulche, sans petit sault. **Fleuret.**
Greue droicte.

Pied en l'air gaulche, sans petit sault.
Pied en l'air droit, sans petit sault.   **Fleuret.**
Greue gaulche.

Pied en l'air droit, sans petit sault.
Pied en l'air gaulche, sans petit sault. **Fleuret.**
Greue droicte.

Pied en lair gaulche, sans petit sault.
Pied en l'air droit, sans petit sault.   **Fleuret.**
Greue gaulche.

Pied croisé gaulche.
Reuerence passagiere gaulche, ou en-
tretaille gaulche causát greue droicte.
Sault majeur.
Posture gaulche.

Et ainsi continuant en repetant le commencemént.

Capriol.

Passons oultre, & me donnez la tabulature de quelque passage d'vnze pas.

Arbeau.

Les passages d'vnze pas peuuent estre formez en comptant

& liant enfemble deux cadances de cinq pas, ou equipolentsà
cinq pas , telles que vouldrez choifir , pourueu qu'en lieu du
foulpir (fur lequel fe fait le fault majeur de la premiere cadáce)
vous y colloquiez vn mouuement, ou bien que conuertiffiez
ledit foufpir & la pofture fuyuante en vn fleuret , ou deux pas
pour rompre ladiate premiere cadance, & fi ne voulez prendre
cefte peine,vous vous ayderez de la tabulature fuyuante, en attendant qu'en ayez recueillé d'aultres des bons baladins , car
l'vfage vous en apprendra plus que les preceptes : Et notterez
que ces paffages d'vnze ou plufieurs pas, font naturellement
propres pour les fins des gaillardes,& de meilleur grace, quand
on les fait en tornant le corps.

<table>
<tr><td>Air de la gaillarde ap-
pellee I'aymerois
mieulx dormir
feulette,&c.</td><td>Mouuements qu'il conuient
faire au danceur pour
dancer ladiéte
gaillarde.</td></tr>
</table>

Ruade droiéte.
Entretaille qui fait greue gaulche.
Ruade gaulche.
Greue gaulche.
Ruade droiéte.
Entretaille qui fait greue gaulche.

Ruade gaulche.
Entretaille qui fait greue droiéte.
Ruade droiéte.
Entretaille qui fait greue gaulche.
Sault majeur pour preparer cadance.
Cadance en pofture droiéte.

Reuers du paſſage precedent.

Ruade gaulche.
Entretaille qui fait greue droicte.
Ruade droicte.
Greue droicte.
Ruade gaulche.
Entretaille qui fait greue droicte.

Ruade droicte.
Entretaille qui fait greue gaulche.
Ruade gaulche.
Entretaille qui fait greue droicte.
Sault majeur pour preparer cadance.
Cadance en poſture gaulche.

Il vous fauldra torner deux fois le corps en dáçant les vnze pas, & aultant de fois en dançant le reuers, car vn ſeul
tornement de corps ny ſuffiroit pas.

Aultre paſſage d'vnze pas.

Ruade gaulche.
Greue gaulche.
Ruade gaulche.
Greue gaulche.
Poſition droicte.
Greue droicte.

Poſition gaulche.
Greue gaulche.
Ruade gaulche.
Greue gaulche.
Sault majeur pour preparer cadance.
Cadance de poſture droicte.

Reuers

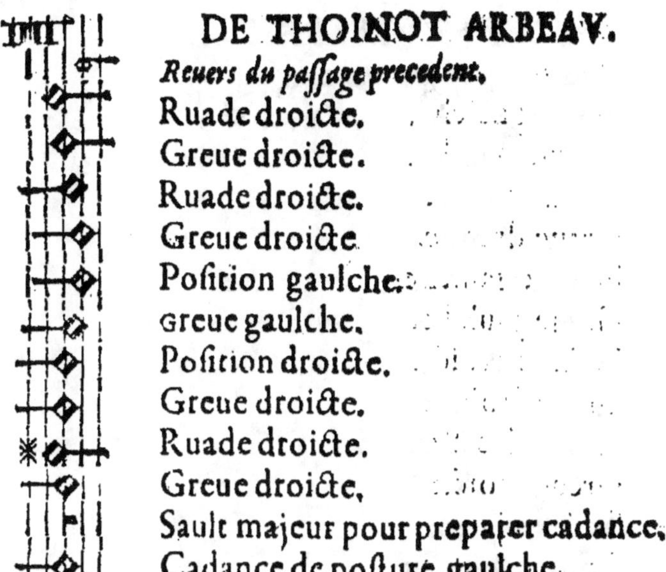

Reuers du passage precedent.
Ruade droicte.
Greue droicte.
Ruade droicte.
Greue droicte.
Position gaulche.
Greue gaulche.
Position droicte.
Greue droicte.
Ruade droicte.
Greue droicte,
Sault majeur pour preparer cadance,
Cadance de posture gaulche.

*Mouuements que le danceur
doibt faire en dançant
la gaillarde.*

Aultre passag d'vnze pas.

Greue droicte.
Greue droicte.
Ruade gaulche.
Greue gaulche.
Posture droicte.
Greue droicte.
Posture gaulche.
Greue gaulche.
Ruade gaulche.
Greue gaulche.
Sault majeur pour preparer cadance
Cadance en posture droicte.

Q

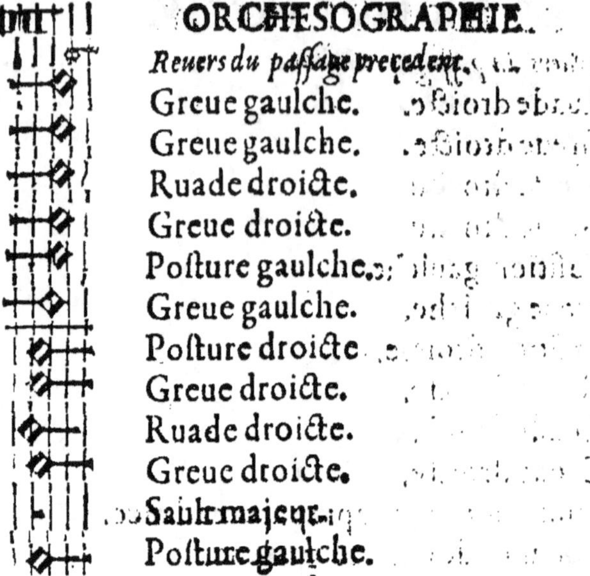

Capriol.

Iay (Dieu mercy) assez dequoy m'exercer maintenant en la gaillarde: Toutesfois ie vous prie me donner encore vne couple de passages , s'il ne vous ennuye.

Aultre passage d'vnze pas.

Ruade droicte.
Entretaille qui fait greue gaulche.
Ruade droicte.
Entretaille qui fait greue gaulche.
Posture droicte.
Greue droicte.
Posture gaulche.
Greue gaulche.
Ruade gaulche.
Greue gaulche.
Sault majeur.
Posture droicte.

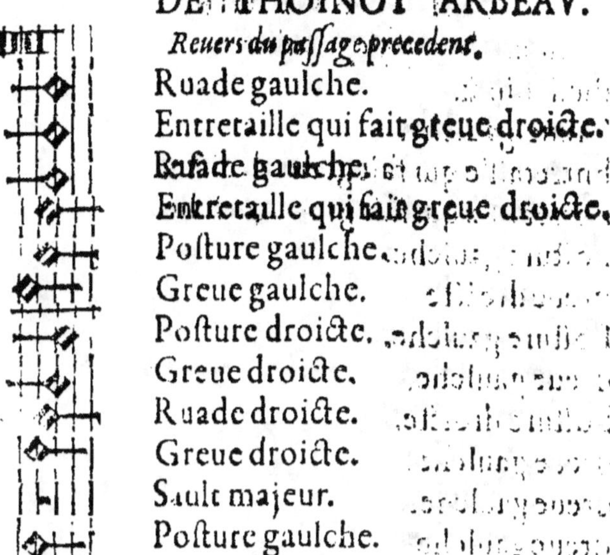

Reuers du passage precedent.

Ruade gaulche.
Entretaille qui fait greue droicte.
Rufade gaulche.
Entretaille qui fait greue droicte.
Posture gaulche.
Greue gaulche.
Posture droicte.
Greue droicte.
Ruade droicte.
Greue droicte.
Sault majeur.
Posture gaulche.

Aultre passage d'vnze pas, la où le sixieme pas est
decoupé en deux & le septieme aussi, tellement qu'il y a treize pas pour vnze.

Pied ioinct.
Greue droicte.
Entretaille qui fait greue gaulche.
Entretaille qui fait greue droicte.
Posture droicte.
Greue gaulche.
Posture droicte.
Greue droicte.
Posture gaulche.
Greue droicte.
Greue droicte.
Greue droicte.
Sault majeur.
Posture gaulche.   Q ij

Reuers du passage precedent.

Pied ioinct.
Greue gaulche.
Entretaille qui fait greue droicte.
Entretaille qui fait greue gaulche.
Posture gaulche.
Greue droicte.
Posture gaulche.
Greue gaulche.
Posture droicte.
Greue gaulche.
Greue gaulche.
Greue gaulche.
Sault majeur.
Posture droicte.

Pour faire des passages de dixsept pas, il vous fault lier ensemble trois cadances de cinq pas, & rompre les deux premieres: Ou bien liez ensemble vn passage d'vnze pas auec vne cadance de cinq pas, & rompez les cadances, gardant seullement la derniere: Pour faire des passages de vingt trois pas, fault lier ensemble quatre cadances de cinq pas, ou deux passages d'vnze pas, & rompre toutes les cadances, fors la derniere: Et ainsi consequemment.

Capriol.

Cela est bien facile: Iugez si ie feray bien ce premier passage d'vnze pas.

Arbeau.

Vous auez bien formé voz pas & mouuements, & estes bié tumbé en cadance, mais quand vous dancerez en compagnie ne baissez point la teste pour contrerooller voz pas & veoir si vous dancez bien: Ayez la teste & le corps droit, la vheue as-

ſeuree, crachez & mouchez peu, & ſi la neceſſité vous y contrainct , tornés le viſage d'aultre patt & vſez d'vn beau mou-
choir blanc: Deuiſés gracieuſement, & d'vne parole doulce &
honneſte, vos mains ſoient pendants, non comme mortes, ny
auſſi pleines de geſticulations, & ſoyés habillé proprement &
nettement, auec la chauſſe bien tiree, & l'eſcarpin propre , &
vous ſouuenés de ces aduertiſſements , non ſeullement en ceſte dance gaillarde, mais auſſi en toutes aultres ſortes de d'aces.
　Nous auons aſſés parlé de la gaillarde, & n'en parleray d'auá-
tage, ſinon pour vous dire que pouuez maintenant cognoiſtre
eſtre facile de decouper le double d'vne pauane, en ſ'extendát
par tels mouuements que vouldrez choiſir, leſquels ſeront meſurez par ſix minimes blanches, vn ſouſpir pour le ſault majeur & vne poſture, ou par douze minimes noires, vn ſouſpir
pour le ſault majeur & vne poſture. Ou par extenſions & ra-
courciſſements de leurs meſlanges, contenants la meſure du
temps que l'on mettroit à former le double que voulés decouper. Il s'eſt treuué des perſonnes ſi gaillards & ſi bondiſ-
ſants, qu'ils ont accommodé & approprié pluſieurs ſaults en
l'air, & quelquesfois doublé ou triplé leſdits ſaults, en lieu des
cinq pas ou vnze pas, & à la fin deſdits ſaults, ſont retumbés à la
cadance, ſi bien & proprement qu'ils ont acquis le renom d'e-
ſtre des plus braues danceurs : Mais il eſt aduenu maintesfois
qu'en faiſant les ſouples ſaults, ils ſe ſont laiſſez tumber, dont
la mocquerie & les riſees s'en ſont enſuyuies, parquoy les ſages
ont touſiours conſeillé de ne faire tels ſaults, ou bien de les faire ſi aiſez, que le danceur n'en puiſſe tumber en ceſt inconuenient.

Capriol.

Ce m'eſt choſe maintenant bien claire à entendre : Au reſte
ie ſerois bien content de ne point ignorer la volte, puiſque le
temps la receue en vſage.

LA VOLTE.

Arbeau.

LA Volte est vne espece de gaillarde familiere aux Prouençaulx, laquelle se dance comme le tourdion par mesure ternaire: Les mouuements & pas de ceste dance, se font en tornant le corps, & consistent en deux pas, vn souspir pour le sault majeur, vne assiette de pieds ioincts, & en fin deux souspirs ou pauses. Pour entédre ce que dessus: Soiez par ypothese de front deuant moy à pieds ioincts, faites pour le premier pas vn pied en l'air assez court, en saultát sur vostre pied gaulche, & en ce faisant me móstrerez vostre espaule gaulche, puis faites le deuxieme pas assez long sur vostre pied droit, sans saulter, & en ce faisant me móstrerez vostre doz: Puis faites le sault majeur en tornant vostre corps & tumbés a pieds ioints, quoy faisant me monstrerez vostre espaule droicte: Ainsi aurez accomply le premier tour.

Capriol.

A vostre compte, on ne torne pas tout le corps.

Arbeau.

Qui torneroit tout le corps, on se retrouueroit comme au commencement, & ne bougeroit on quasi d'vne place: Aprés ce premier tour (qui est de trois quartiers du corps) vous ferés au second tour vn pied en l'air pour le premier pas assés court, comme auparauant, en saultant sur vostre pied gaulche, & en ce faisant me monstrerez vostre estomac: Puis ferez le deuxieme pas assez long sur vostre pied droit sans saulter, & ce faisant me monstrerez vostre espaule gaulche: Puis ferés le sault majeur en tornant vostre corps, & tumberés en pieds ioincts, quoy faisant me monstrerés le dos.

Pour le troisieme tour & cadance, ferés pied en l'air pour le premier pas assez court, en saultant sur vostre pied gaulche, &

en ce faisant me monstrerez le cousté droit: Puis ferés le deuxieme pas assez long sur vostre pied droit sans saulter, ce faisant me monstrerez l'estomac: Puis ferés le sault majeur en
tornát vostre corps & tumberez en pieds ioincts, quoy faisant
me monstrerés vostre espaule gaulche.

Pour le quatrieme tour & cadance, ferés pied en l'air pour le
premier pas assés court, en saultant sur voster pied gaulche, &
en ce faisant me monstrerés le dos: Puis ferés le deuxieme pas
assés long sur le pied droit sans saulter, ce faisant me monstrerés l'espaule droicte: Puis ferés le sault majeur en rornant vostre corps, & tumberés en pieds ioincts, quoy faisant me monstrerés l'estomac, comme vous esties planté au commencement: Et partant voiés qu'en quatre cadances, vous pouués
reuenir au mesme lieu & en mesme aspect que vous estiés au
commencement: Ce n'est pas toutesfois vne necessité que ie
vous presceris, car il pourra aduenir que tournerés plus ou
moins vitte: Mais ie vous ay fait ceste hypothese pour plus
claire intelligence.

Capriol.

Si ie tiens vne damoiselle par la main, il seroit impossible
qu'elle fit le tour auec moy, d'aultant qu'elle est plus esloignee
du centre.

Arbeau.

Voster argument est bon, supposé (comme il est vray) que
la damoiselle fait les mesmes pas & mouuements que vous: Et
pour ceste occasion, celuy qui dance la volte se contemplant
estre comme le centre & meillieu d'vn cercle, doit approcher
de son corps la damoiselle le plus qu'il luy est possible quand il
veult torner, car par ce moyen ladite damoiselle treuuera les
pas moins spacieux & plus aisez à faire: Pour l'approcher de
vous ferés ainsi que s'enfuyr.

Aprés voster reuerêce faite (tenát la damoiselle par la main)

auant que de tourner, faites quelques pas par la salle, par maniere de preparation, comme si vous danciez le tourdion : Or
en cest endroit notterez qu'aulcuns dancent ce commencement par cinq pas a droit, puis cinq pas à gaulche faits à rechá-
ge, ou bien par cinq pas racoursis en deux pas, vn sault majeur
& vne posture, & aultant pour le reuers, & ainsi continuant:
Aultres dancent ce commencement ainsi que le reste de la
volte par vn pied en l'air, vn pas , vn sault majeur.& la posture
de pieds ioincts, comme dessus a esté dit.

Capriol.

Laquelle sorte vous aggrée le plus?

Arbeau.

La derniere sorte: Car par ce moyen ceste dance demeure
vniforme en toutes ses parties , tant au commencement qu'à
la fin: Quand vouldrez torner , laissés libre la main gaulche de
la damoiselle, & gettés vostre bras gaulche sur son dos, en la
prenant & serrát de vostre main gaulche par le faulx du corps
au dessus de sa hanche droicte, & en mesme instant getterez
vostre main droicte au dessoubz de son busq pour l'ayder à
saulter quand la pousserez deuant vous auec vostre cuisse gaulche: Elle de sa part, mettra sa main droicte sur vostre dos ou
sur vostre collet , & mettra sa main gaulche sur sa cuisse pour
tenir ferme sa cotte ou sa robbe, affin que cueillant le vent, elle ne monstre sa chemise ou sa cuisse nue : Ce fait vous ferez
par ensemble les tours de la volte, comme cy dessus a esté dit:
Et aprés auoir tournoyé par tant de cadances qu'il vous plaira,
restituerez la damoiselle en sa place , ou elle sentira(quelque
bonne contenance qu'elle face) son ceruean esbranlé, plain de
vertigues & tornoyements de teste , & vous n'en aurez peult
estre pas moins. Ie vous laisse à considerer si cest chose bien
seante à vne ieufne fille de faire de grands pas & ouuertures de
iambes: Et si en ceste volte l'honneur & la santé y sont pas ha-
zardez

zardez & interessez. Ie vous en ay desia dit mon opinion.

Capriol.

Ce vertigues & tornoiements de cerueau me fascheroiét.

Arbeau.

Dancez donc quelque aultre sorte de dance: Ou si vous dá-
cez ceste-cy à la gaulche, recommencez vne aultre fois de la
dancer à la main droiĉte, & par ainsi redetornerez à la secunde
fois;ce que vous aurez torné à la premiere.

*Air d'vne volte.　Mouuements que les danceurs doibuent
faire en dançant la volte.*

Petit pas en saultant sur le gaulche, pour faire
pied en l'air droiĉt.

Plus grand pas du droiĉt.

Sault majeur.

Posture en pieds ioinĉts.

Petit pas en saultant sur le gaulche, pour faire
pied en l'air droiĉt.

Plus grand pas du droiĉt.

Sault majeur.

Posture en pieds ioinĉts.

Petit pas en saultant sur le gaulche , pour faire
pied en l'air droiĉt.

Plus grand pas du droiĉt.

Sault majeur.

Posture en pieds ioinĉts.

Petit pas en saultant sur le gaulche, pour faire
pied en l'air droiĉt.

Plus grand pas du droiĉt.

Sault majeur.

Posture en pieds ioinĉts.

R

Vous continuerez à torner par cadances à la gaulche, tant
qu'il vous plaira:Et si voulez à vne aultre fois dancer la volte
à main droicte, vous fauldra mettre voste main droicte sur le
doz de la Damoiselle,& la main gaulche soubz son busq, & en
la poussant de la cuisse droicte soubz la fesse , torner le reuers
de la tabulature cy dessus:Et nottez qu'il y a dexterité à em-
poigner & serrer contre vous la Damoiselle, car il fault ce faire en deux mesures ternaires, desmarchât sur la premiere mesure pour vous planter deuant elle,& sur la fin de la deuxieme
mesure, luy mettant l'vne des mains sur la hanche, & l'aultre
soubs le busq,pour a la troisieme mesure commencer à torner
selon les pas contenus en la tabulature.

Capriol.

La courante comment la fault-il dancer , est-elle bien diffe-
rente de la volte?

LA COVRANTE.

Arbeau.

Elle differe beaucoup de la volte,& se dance par vne mesure binaire legiere , consistant de deux simples & vn double
du cousté gaulche, & aultant du cousté droict, en marchant
tousiours en auant ou de cousté, & quelquesfois en retrogradant selon qu'il plait au danceur:Et notterez qu'il fault saulter
les pas de la Courante.ce qui ne se faict pas en la Pauane , ny
en la Basse-dance: Pour faire donc vn simple à gaulche en la
Courante,vous qui estes en contenance decente,saulterez sur
le pied droict , en asseant le pied gaulche pour vostre premier
pas,puis saulterez sur le pied droict.en tumbant en pied ioinct
pour le second pas,& ainsi sera accomply le simple à gaulche:
Aultant en ferez à reuers , pour accomplir le simple à droict:
Pour le double à gaulche,saulterez sur le pied droict, en asséat
le pied gaulche pour le premier pas dudit double à gaulche,

puis saulterez sur le pied gaulche, en faisant le second pas du pied droict, puis saulterez sur le pied droict, en faisant le troisieme pas du pied gaulche : Puis saulterez sur le pied droict, en faisant le quatrieme pas à pied ioinct : Et ainsi sera accomply le double a gaulche : Aultant en ferez à reuers pour les deux simples & double à droit : De mon ieusne aage ils dressoient sur la Courante vne forme de ieu & ballet : Car trois ieusnes hommes choisissoient trois ieunes filles : Et s'estants mis en renc, le premier danceur auec sa damoiselle la menoit en fin sister à l'aultre bout de la salle, & retornoit seul auec ses compaignons, le deuxieme en faisoit de mesme, puis le troisieme, tellement que les trois filles demeuroient separees à l'vn des bouts de la salle, & les trois ieusnes hômes de l'aultre : Et quãt le troisieme estoit de retour, le premier alloit en se gambadãt & faisant plusieurs mines & contenances d'amoureux, comme espoussetant & guindãt ses chausses, tirant sa chemise bien a propos, alloit (disie) requerir sa damoiselle, laquelle luy faisoit reffus de la main ou luy tornoit le doz, quoy voyant, le ieune homme s'en retornoit en sa place, faisant contenance d'estre desesperé : Les deux aultres en faisoient aultant : En fin ils alloient tous trois ensemble requerir leurs dires damoiselles chacun la sienne, en mettant le genoil à terre, & demandant mercy les mains ioinctes : Lors lesdites damoiselles se rendoient entre leurs bras, & dançoient ladite Courante pesle mesle.

Capriol.

Dancent-ils pas les Courantes maintenant de ceste mesme façon?

Arbeau.

Quand aux pas, ils doibuent estre de mesme : Mais les ieusnes hommes qui ne sçauent & n'ont point apris que c'est d'vn simple ny d'vn double, dancent à leur phantaisie, & se contentent

R ij

moyennant qu'ils retumbent en cadance, & en dançant tornent le corps, lachant la main à la damoiselle, & aprez le tour fait, tout en dançât repreignent ladîte damoiselle par la main, & continuent: Et quand les compaignons de celuy qui danco voient qu'il est lassé, il viennent oster & derober sa damoiselle, & la meinent dancer, ou bien luy en mettent en main vne aultre, quand ils voient que la premiere est lassee: Voicy vne tabulature de la Courante.

Air de la Courante.   *Mouuements qu'il conuient faire pour dancer la Courante.*

	Pas du gaulche.	Simple gaulche.
	Pieds ioncts.	
	Pas du droit.	Simple droit.
	Pieds ioincts.	
	Pas gaulche.	Ces quatre mouueméts, font double a gaulche.
	Pas droit.	
	Pas gaulche.	
	Pieds ioincts.	

Vous en ferez aultant pour le reuers, & continuerez en repetant comme au commencemét: Aucunes des minimes blanches de la tabulature cy dessus, sont a vuide & pendant le temps d'icelles, ferés les petits saults qui accompaignent les

mouuements,ou quand ferez laſſé & ne vouldrez faulter,elles
vous feruiront de louſpirs , comme ſi elles y eſtoient re-
duictes.

Capriol.

Quelle dance eſt l'Allemande?

L'ALLEMANDE.

Arbeau.

L'allemande eſt vne dance plaine de mediocre grauité, fami
liere aux Allemáds , & croy qu'elle foit de noz plus anciennes,
car nous fommes defcendus des Allemands: Vous la pourrez
dancer en compagnie:Car ayant vne damoiſelle en main,plu-
ſieurs aultres ſe pourront planter derrier vous,chacun tenant
la ſienne,& dancerez tous enſemble , en marchant en auant,
& quand on veult en retrogradant, par meſure binaire, trois
pas & vne greue,ou pied en l'air fans fault, & en quelques en-
droits par vn pas & vne greue,ou pied en l'air : Et quand vous
aurez marché iuſques au bout de la falle , pourrez dancer en
tornant, fans lafcher voſtre damoiſelle : Les aultres danceurs
qui vous fuyuront en feront de meſme quand ils feront audit
bout de la falle : Et quand les ioueurs d'inſtruments ceſſeront
ceſte premiere partie , chacun s'arreſtera & deuiſera auec ſa
damoiſelle, & recommencerez comme au parauant pour la
fecunde partie: Et quand viendra à la troiſieme partie,vous la
dancerez par la meſme meſure binaire plus legiere & concitee,& par les meſmes pas,en y adiouſtant des petits faults cóme à la Courante : Ceque vous entendrez facilement par la
tabulature,laquelle ne feroit quaſi point neceſſaire , attendu
qu'il ny a guieres de diuerſitez de mouueméts, toutesfois afin
que vous voyez le tout plus clairement,ie n'eſpargneray la pei
ne de la vous donner par eſcript,

<table>
<tr><td>

Air de l'Allemande, pour la premiere & seconde partie.

</td><td>

Mouuements qu'il faut faire pour dancer l'Allemande.

</td></tr>
</table>

Pas du gaulche.
Pas du droit.
Pas du gaulche.
Greue droicte.

Pas du droit.
Pas du gaulche.

Pas du droit.
Greue gaulche.
Pas du gaulche.
Pas du droit.
Pas du gaulche.
Greue droicte.
Pas du droit.

Pas du gaulche.

Pas du droit.
Greue gaulche.
Pas du gaulche.

Greue droicte.

Pas du droit.

Greue gaulche.
Voyez en ces deux dernieres mesures, qu'il ny a qu'vn pas & vne greue en chacune, parce que l'air le requiert ainsi.

Tabulature de la troisieme partie de l'Allemande, qui se dance par mesure binaire, comme la courante, auec les mouuements.

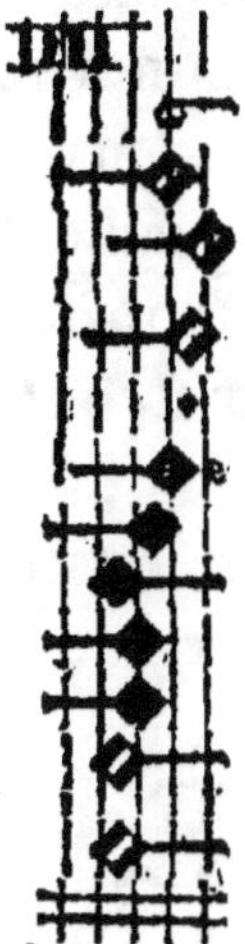

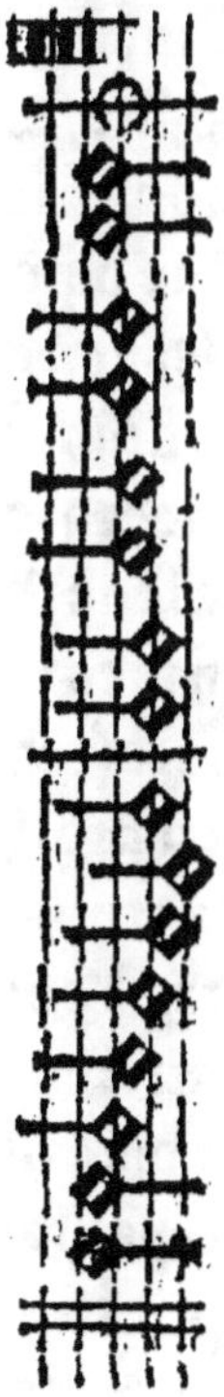

Et ainsi continuant en repetant le commencemens.

Les minimes blanches qui font icy a vuyde, tiennent lieu de
foufpirs & paufes, ou de petits faults, comme dit a efté en la
Courante: En dançant l'Allemande, les ieunes hommes quelquesfois derobent les damoifelles, les oftant de la main de
ceulx qui les meynent, & celuy qui eft fpolié fe trauaille d'en
r'auoir vne aultre: Mais ie n'appreuue point cefte façon de faire, parce qu'elle peult engendrer des querelles & mefconten-
temens.

Capriol.

Ie me fuis prins garde qu'ez bonnes compagnies, on commence ordinairement les dances par branles: Dictes moy cô-
ment il les fault dancer?

BRANLE DOVBLE.

Arbeau.

Puis que vous fçauez bien dancer la pauane & la baffe dance,
il vous fera facile de dancer les branles à la mefme mefure binaire, & entendrez que les branles fe dancent de coufté, & nô
pas en marchant en auant: En premier lieu, quand au branle
appellé branle double, vous y marcherez vn double du coufté gaulche, puis vn double du coufté droit, vous fçauez bien
qu'vn double confifte de trois pas, & vn pied ioinct: Pour faire
lefquels de coufté, vous qui ferez en contenance decente (a-
prez la reuerence falutatoire) tenant ferme & pofé le pied
droit, getterez a coufté le pied gaulche, qui fera vn pied largy
pour la premiere mefure: Puis pour la feconde mefure (tenant
ferme & pofé le pied gaulche) approcherez le pied droit du
gaulche, qui fera vn pied largy, quafi ioinct: pour la troifieme
mefure (tenant ferme & pofé le pied droit) getterez à coufté
le pied gaulche, qui fera vn pied largy Et pour la quatrieme mefure (tenant ferme le pied gaulche) approcherez le pied droit
prés dudit gaulche, qui fera pied ioinct. Ces quatro pas faicts
en quatre mefures ou battemens de tabourin, nous les appellerons

lerons double à gaulche, aultât en ferez vous du cousté droit
en faisant le reuers du double precedent. Car tenant ferme &
posé le pied gaulche, getterez à cousté le pied droit, qui sera
vn pied largy, pour la cinquieme mesure: Puis pour la sixieme
mesure (tenât ferme & posé le pied droit) approcherez le pied
gaulche du droit, qui sera vn pied largy, quasi ioinct: Pour la
septieme mesure (tenant ferme & posé le pied gaulche) getterez à cousté le pied droit, qui sera vn pied largy: Finablement
pour la huictiesme mesure (tenant ferme & posé le pied droit)
approcherez le pied gaulche pres dudit droit, qui sera vn
pied ioinct, & ces quatre derniers pas, nous les appellerons
double a droit: Et ainsi en ces huict pas & mesures, sera accô-
ply le branle double, comme verrez en la tabulature, & le re-
petterez comme au commencement, faisant vn double a
gaulche, puis vn double a droit.

Caprial.

Iay ouy là bas en vostre salette maistre Guillaume auec son
violon, donnez moy de la tabulature pour le branle double, &
ie la pratiqueray pour veoir si i'en viendray bien au bout.

Arbeau.

Cela vient bien à propos: Descendons, & luy faisons sonner
son violon: Les ioueurs d'instrumens sont tous accoustumez
à commencer les dances en vn festin par vn branle double,
qu'ils appellent le branle commun, & en aprez donnent le brâ
le simple, puis aprez le branle gay, & à la fin les branles qu'ils
appellent branles de Bourgoigne, lesquels aucuns appellent
branles de Champaigne: La suyte de ces quatre sortes de brâ-
les, est appropriee aux trois differences de personnes qui en-
trent en vne dance: Les anciens dancent grauement les branles doubles & simples: Les ieusnes mariez dancent les branles
gayz: Et les plus ieusnes comme vous dancent legierement
les branles de Bourgoigne; neantmoins tous ceulx de la

S

dance s'acquittent du tout comme ils peuuent, chacun selon
son aage, & la disposition de sa dexterité.

Tabulature pour dancer les branles doubles.

Air d'vn branle double.   *Mouuements pour dancer
                                  le branle double.*

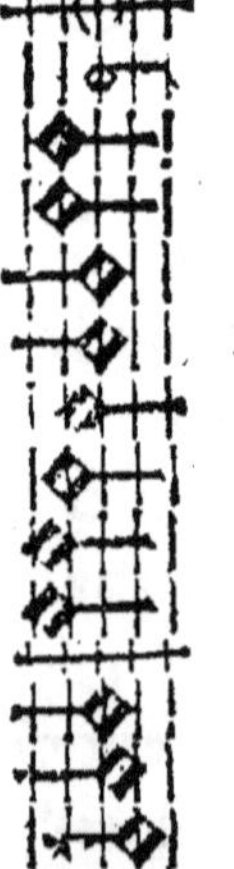

Pied gaulche largy.

Pied droit approché.

Pied gaulche largy.

Pied droit ioinct.

Pied droit largy.

Pied gaulche approché.

Pied droit largy.

Pied gaulche ioinct.

Ces quatre pas
font double a
gaulche.

Ces quatre pas
font vn double
a droict.

Capriol.

Ce branle double est bien facile à dancer : Mais il me semble que les danceurs ne bougent d'vne place, d'aultant qu'ilz font a gaulche quatre pas, lesquels ils deffont a droit par aultres quatre pas.

Arbeau.

Pour obuier à cela, ils font le double a droit plus restrainct, & ainsi gaignent tousiours auantage à la gaulche : En aulcuns lieux, en lieu dudit double a droict, ils font vne reprise ou vn branle,

Capriol.

Les branles me plaisent, parce que plusieurs y preignent plaisir ensemble.

Arbeau.

Quand vous commencerez vn branle, plusieurs aultres se ioindront auec vous, tant ieufnes hommes que damoiselles : Et quelquesfois vne qui est la derniere en la dance, prendra voftre main gaulche, & ainsi se fera vne dance ronde.

Capriol.

Celuy qui meyne le deuant de la dance, quand il n'y a point de ronde, demeure-il tousiours le premier?

Arbeau.

Ouy bien souuent : Car il ne se treuue point d'aultre qui auec sa damoiselle veuille presumer d'aller le premier, mesmemét quand c'est vn Seigneur de reputation, & sur lequel on ne veult pas entreprendre.

Capriol.

Quelle place prendra cestuy cy qui vouldra estre de la partie?

Arbeau.

Il se mettra à la queue, en prenant sa damoiselle par la main droicte, ou bien treuuera gracieusement quelque place entre ceulx qui sont en la dance.

Capriol.

Feray je point de decoupementz en dançant ces branles?

Arbeau.

On a tousiours estimé, que le plus grauement & pesamment
que l'on peult dancer les branles doubles, c'est le meilleur, &
toutesfois il n'est pas indecét de faire sur la premiere minime
blanche de la septieme mesure vn pied en l'air gaulche, & sur
la seconde minime blanche de ladicte septieme mesure, vn
pied en l'air droit, & sur la premiere minime blanche de la
huictieme & derniere mesure, vn pied en l'air gaulche, prest
à continuer & repeter comme au commencement, tenant ledit pied gaulche en l'air, aultant de temps que vault & emporte la derniere minime blanche.

Continuation de l'air du branle double.	Mouuements decoupé, comme deffus est dit.	
	Pied gaulche largy.	Ces quatre pas font vn double a gaulche.
	Pied droit approché.	
	Pied gaulche largy.	
	Pied droit ioinct.	
	Pied droit largy.	ces cinq pas fôt double a droict decouppé.
	Pied gaulche approché.	
	Pied en l'air gaulche.	
	Pied en l'air droit.	
	Pied en l'air gaulche.	
	soufpir.	

Capriol.

Ne faict on point d'aultres decoupements és branles doubles?   *Arbeau.*

Les ieufnes hommes qui ont vne grande agilité, y font des
decoupements a leur plaifir: mais ie vous confeille de les dancer pofement.

BRANLE SIMPLE.

Soubz la mefme mefure binaire & par mefmes pas que ie
vous viens de propofer pour le branle double, vous dancerez
le branle fimple, faifant vn double a la gaulche pour le com-
mencemeht, mais voicy la differéce: Car en lieu de faire aprez
cela vn double droit, ferez feullement vn fimple par vn pied
droit largy, & pour la fin le pied gaulche ioinct. duquel fimple
decouperez les quatre minimes bláches . par trois pied en l'air
& vn foufpir, comme nous venons de dire cy deuát au branle
double.

Tabulature du branle fimple.

Pied gaulche largy.

Pied droit approché.

Pied gaulche largy.

Pied droit ioinct.

Pied droit largy.

Pied gaulche ioinct.

Ces quatre pas
fõt vn double
a gaulche.

Ces deux pas
font fimple a
droict.

Mouuement decoupé, com-
me nous auons dit au
branle double.

Pied gaulche largy.

Pied droit approché.

Pied gaulche largy.

Pied droit ioinct.

Pied en l'air gaulche.
Pied en l'air droit.
Pied en lair gaulche.
souspir,

Ces quatre pas font double a gaulche.

Ces trois pas font vn simple a droict.

BRANLE GAY.

Aprez le branle simple suyt le branle gay, lequel vous dancerez du cousté gaulche seullement, par deux mesures ternaires, en quatre pas & vne pause : Pource faire, vous largirez
le pied gaulche, & l'asseant a terre, ferez pied en l'air droit
pour le premier pas, sur la premiere minime blanche: Puis
vous approcherez le pied droit du gaulche, & l'asseát a terre,
ferez pied en l'air gaulche pour le deuxieme pas, sur la deuxieme minime blanche: Puis largirez le pied gaulche, & en
l'asseant a terre, ferez pied en l'air droit pour le troisieme pas,
sur la troisieme minime blanche: Puis approcherez ledit pied
droit prez du gaulche, & l'asseant a terre, ferez pied en l'air
gaulche, & le tiendrez ainsi prést a repeter comme au commencement, pendant le temps de deux minimes blanches,
qui seront equipolents a deux souspirs, ou vne pause: Et si en
l'air de la tabulature treuuez des semibreues, imaginez quel-

les soient couppees en deux minimes blâches, pour y asseoir les pas qu'il conuient faire pour dancer le branle gay.

Tabulature du branle gay.

Air du branle gay.　　*Mouuements qu'il conuient faire pour dancer ce branle.*

Pied en l'air droit.
Pied en l'air gaulche.
Pied en l'air droit.
Pied en l'air gaulche.
Pause.
Pied en l'air droit.
Pied en l'air gaulche.
Pied en l'air droit.
Pied en l'air gaulche.
Pause
Pied en l'air droit.
Pied en l'air gaulche.
Pied en l'air droit.
Pied en l'air gaulche.
Pause.
Pied en l'air dtoit.
Pied en l'air gaulche.
Pied en l'air droit.
Pied en l'air gaulche.
Pause.

Capriol.

Ce branle (non sans cause) est appellé gay, car à ce que ie voy l'vn des pieds est tousiours en l'air : Mais poursuyuez, & parlez du branle que vous nommez branle de Bourgoigne.

B. DE BOVRGOIGNE.

Arbeau.

Aprez le branle gay, les ioueurs d'instruments sonnent le branle de Bourgoigne, lequel se dance de cousté & d'aultre, par mesmes pas que le branle double par mesure binaire, mais ladicte mesure est plus legiere & concitee:Et ny a difference esdits pas, sinon qu'en lieu des pieds ioincts, on y fait des greues ou pieds en l'air, és quatrieme & huictieme pas.

Tabulature du branle de Bourgoigne.

Air du branle de Bourgoigne.

Mouuements qu'il conuient faire au branle de Bourgoigne.

Pied gaulche largy.

Pied droit approché.

Pied gaulche largy.

Greue droicte, ou pied en l'air.

Pied droit largy.

Pied gaulche approché.

Pied droit largy.

Greue gaulche, ou pied en l'air.

Ces quatre pas font double a gaulche.

Ces quatre pas font double a droict.

Et ainsi vous continuerez, en repetant le commencement.

B. DV HAVLT BARROIS.

Il y a vne aultre forte de branle appellé le hault ʙarrois, lequel fe dance ainfi que le branle double, ou comme le branle de ʙourgoigne: Mais il y a difference, parce que ce branle icy ne requiert pas feulement le mouuement des pieds, mais il requiert le mouuement des efpaules & bras, auec petits faults, par mefure binaire, legiere & concitee: Pour le dancer, vous ferez ainfi, faulterez des deux pieds, en gaignant chemin du coufté gaulche, en tumbant fur pied largy gaulche: Puis faulterez encore des deux pieds, en gaignant chemin du coufté gaulche, & tumbant fur pied droit approché: Puis faulterez encore des deux pieds, gaignant chemin a gaulche, tumbant fur pied largy gaulche · Puis faulterez encore des deux pieds, en gaignant chemin a gaulche, tumbant fur pieds ioinɛts, ou bien tumbant fur le pied gaulche, & faifant greue droicte, ou bien pied en l'air droit, & ainfi fera accomply le double a gaulche. Aultant en ferez a reuers, du coufté droit, pour accomplir le double a droit: Et fi l'air du hault ʙarrois eft comme le branle fimple, en retrancherez les deux penultimes mefures, pour accomplir ledit fimple : Ce branle fe dance par les vallets & chamberieres, & quelquesfois par les ieufnes hommes & damoifelles quand ils font quelques mafcarades, defguifez en payfans & bergiers ou qu'ils fe veullent efgayer priueement, La tabulature des branles double & fimple efcrits cy deuant: vous deburoit fuffire, fi ne laifferayie a vous en donner vne fur l'air d'vn branle de Mouftierandel.

Capriol.

Ce branle icy me femble plus remuant que les precedents, & feroit propre pour dancer en l'hyuer, afin de s'efchauffer: Puis que vous auez commencé a donner de la tabulature, ie vous prie m'en donner pour ce branle icy.

T

Tabulature du branle du hault Barrois.

Air d'vn branle hault Barrois.   *Mouuements pour dancer le hault Barrois.*

Pied gaulche largy.
Petit sault.
Pied droit approché.
Petit sault.
Pied gaulche largy.
Petit sault.
Pieds ioinctz.
Petit sault.

Ces quatre pas fõt vn double a gaulche.

Pied droit largy.
Petit sault.
Pied gaulche approché
Petit sault.
Pied droit largy.
Petit sault.
Pieds ioincts.
Petit sault.

Ces deux pas font simple a droict.

Et ainsi vous continuerez, en repetant le commencement.

De tous les branles cy dessuz comme d'vne source sont de-
riuez & emannez certains branles composez, & entremeslez
de doubles, de simples, de piedz en lair, de piedz ioinctz &
saultz quelquef fois variez par intercalation de mesures diuer-
ses, pesantes ou legieres, selon que bon a semblé aux compo-
siteurs & inuenteurs. Les ioueurs distrumentz les appellent

branles de Chápagne couppez. Et affin de faccorder par enfemble, ils ont mis ces branles par fuittes de certains nôbres, comme les noftres de Lengres en iouent dix de fuitte, quilz appellent branles de Champagne couppez. Ilz en iouent vn certain aultre nombre de fuitte, qu'ilz appellent branles de Camp, vne aultre fuitte, ilz la nommét branles de Henault, vne aultre fuitte, ilz la nomment branles d'Auignon: Et aultant qu'il furuient de frefches compofitions & nouueaultez, aultát en font ilz de fuittes, & leur attribuent des noms à plaifir.

Capriol.

Donnés moy la tabulature de toutes ces fuittes.

Arbeau.

Ie ne vous en donneray point de tabulature, vous remectát à en faire les memoires de vous mefmes, foubs les inftructiós des maiftres ioueurs d'inftruments, ou de voz compaignons. Et quát ferés inftruict, & les vouldrés dácer en quelque feftin, vous demanderez aufdicts ioueurs, la fuitte que vouldrés dancer, par fon nom, & ilz la vous donneront. Ce pendant ie vous aduertiray, que fi voulés bien dancer ces bráles couppés, il vous fault fçauoir les airs par cœur, & les chanter en voftre efprit auec le violon.

Capriol.

Donnés men au moings la tabulature de deux ou trois, car par ce moyen i'auray plus facille entrée á l'intelligence de tous les aultres.

Arbeau.

Ie le veulx bien, voicy la tabulature des bráles de Caffandre & Pinagay , premier & fecond de la fuitte des branles de Champaigne couppés, qui fe dancent par mefure binaire, legierement fans fault (comme aufsi font ceulx de Camp , de Henault & d'Auignon) ou bien les dancerez comme les branles du hault barrois, auec petits faultz.

T ij

Tabulature du branle couppé nómé Caſſandre.

Air du branle coup- | Mouuements qu'il conuient faire
pé nommé Caſſan- | au branle couppé, nommé
dre. | Caſſandre

Pied gaulche largy.
Pied droit approché.

Pied gaulche largy.
Pieds ioincts.

Ces quatre pas font double a gaulche.

Pied droit largy.

Pied gaulche approché

Pied droit largy.
Pieds ioinks.

Ces quatre pas font double a droict.

Pied gaulche largy.
Pied droit approché.

Pied gaulche largy.
Pieds ioinks.

Ces quatre pas font vn double a gaulche.

Pied droit largy.

Pied gaulche approché.

Pied droit largy.

Ces quatre pas font vn double a droict.

Pieds ioinks.

Continuation de l'air   Mouuement

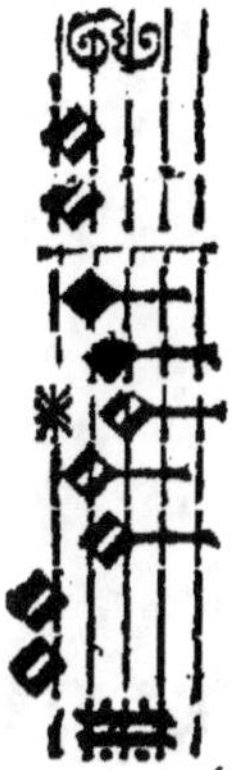

Pied gaulche largy.
Pieds ioincts.

Ces deux font fim-ple à gaulche.

Pied droit largy.

Ces quatre pas font vn double a gaulche.

Pied gaulche appro.

Pied droit largy.
Pieds ioincts.

Tabulature du brāle couppé appellé Pinagay.

Air du branle Pinagay.   Mouuements.

Pied gaulche largy.

Pied droit approché.

Pied gaulche largy.

Pieds ioincts.

Pied en l'air gaulche.

Ces quatre pas font double a gaulche.

Pied gaulche largy.

Pied droit approché.

Pied gaulche largy.

Piedz ioinctz.

Ces quatre pas font vn double a droict.

Continuation de l'air.   Continuation des mouuements.

Pied en l'air gaulche.

Pied en l'air droict.

ried en l'air gaulche.

ried largy gaulche.

ried droict approché.

ried largy gaulche.

pieds ioincts.

Ces quatre pas font vn double a gaulche.

Pied largy droit.

ried gaulche approché.

ried largy droit.

pieds ioincts.

Ces quatre pas font vn double a droict.

Capriol.

Ie croy que sçauez tous les mouuements des branles couppés.

Arbeau.

Du commencement que ie vins demeurer en ceste ville de Lengres, on ne parloit que de dances, mascarades, & allegresses: Nous auions maistre Claudin qui iouoit diuinement bien des instruments, & nous faisoit exercer gaillardement: Depuis quelque temps, ie ny voy plus que du chagrin, auec cela ie suis deuenu vieil & pesant: Nous dancions lors entre aultres branles couppez, le branle de la Guerre, le branle d'Aridan, le branle de Charlotte, & vne infinité d'aultres.

Capriol.

Comment danciez vous ces branles que vous dictes?

Arbeau.

Vous le verrez par leur tabulature.

Tabulature du branle couppé Charlotte.

Air du branle couppé appellé Charlotte.	*Mouuements requis pour dancer ce branle.*	
	Pied largy gaulche. Pied droict approché. Pied largy gaulche. Pieds ioincts.	Ces quatre pas fōt vn double a gaulche.
	Pied en l'air gaulche. Pied en l'air droict.	
	Pied largy droict. Pied gaulche approché. Pied largy droict. Pieds ioincts.	Ces quatre pas fōt vn double a droict.
	Pied largy gaulche. Pied droict approché. Pied largy gaulche. Pieds ioincts.	Ces quatre pas font vn double a gaulche.

Continuation de l'air.   Continuation des mouuements.

pied en l'air gaulche.

pied en l'air droict.

pied largy droit.

pied gaulche approché.   **Ces deux pas font simple a droict.**

pied en l'air gaulche.

pied en l'air droict.

pied en l'air gaulche.

pied largy gaulche.

pied droit approché.   **Ces deux pas font simple a gaulche.**

pied en l'air droit.

pied en l'air gaulche.

pied en l'air droit.

pied largy droit.

pied gaulche approché.   **Ces quatre pas fót vn double a droict.**

pied largy droit.

pieds ioincts.

Et continuerez en repetant comme au commencement:
Et notterez que si vous le voulez dancer en forme de hault-
barrois.

barrois, vous fauldra faire des petits faults, ou voïez les minimes blanches a vuyde.

Tabulature du branle couppé de la guerre.

Air du branle couppé de　Mouuements requis pour dancer
la guerre.　　　　　　　ce branle.

Pied largy gaulche.

Pied droict approché.

Pied largy gaulche.
Pied ioincts

Ces quatre pas
fôt vn double
a gaulche.

Pied largy droict.
Pied gaulche approc.

Pied largy droict
Pieds ioincts.
Pied largy gaulche.
Pied droict approché.

Ces quatre pas
fôt vn double
a droict.

Pied largy gaulche.
pieds ioincts.

Ces quatre pas
font vn double
a gaulche.

Pied largy droit.
pied gaulche approc.

pied largy droit.
Pieds ioincts.

Ces quatre pas
font vn double
a droict.

V.

Continuation de l'air.   Continuation des mouuements.

Pied largy gaulche.
pied droit approché.
pied largy gaulche.
pieds ioincts.
Pied largy droit.
Pied gaulche approc.
Pied largy droit.
Pieds ioincts.
Pied largy gaulche.
pieds ioincts.

Pied largy droit.
Pieds ioincts.
pied largy gaulche.
Pied droit approché.
Pied largy gaulche.
Pieds ioincts.
Pied largy droit.
Piedz ioinctz
Pied largy gaulche.
Pieds ioincts.

Pied largy droit.
Pied gaulche approc.
Pied largy droit.
Pieds ioinctz.
Pied largy gaulche.
Pieds ioincts.
Greue gaulche.
Greue droicte.
Greue gaulche.
Pieds ioincts.
Sault maieur auec capr.

Ces quatre pas font vn double a gaulche.

Ces quatre pas fót vn double a droit.

Ces quatre pas font vn double a gaulche.

Ces quatre pas font vn double a droit.

Tabulature du branle couppé appellé Aridan.

Air du branle couppé appellé Aridan.	Mouuements requis pour dancer ce branle.	
	Pied largy gaulche.	Ces quatre pas font vn double a gaulche.
	Pied droit approché.	
	Pied largy gaulche.	
	Piedstoincts.	
	Pied en l'air gaulche.	
	Pied en l'air droit.	
	Pied en l'air gaulche.	
	Pied largy gaulche. pied droit approché. pied largy gaulche.	ces quatre pas font vn double a gaulche.
	pieds ioincts.	
	pied largy droit. pieds ioincts.	Ces deux pas font simple a droit.
	pied largy gaulche.	Ces deux pas font simple a gaulche.
	pieds ioincts.	
	pied largy droit. pieds ioincts.	Ces deux pas font simple a droit.

En tornant le feuillet, vous treuuerez la continuation de l'air & des mouuements de ce branle.

pied largy gaulche.

pied droit approché.

pied largy gaulche.

pieds ioincts.
pied en l'air gaulche.

pied en l'air droit.

pied largy droit.

pied gaulche approché.

Pied largy droit.

pieds ioincts.

pied largy gaulche.
pied droit approché.
pied largy gaulche.
greue droicte.

pied largy droit.

pied gaulche approc.
greue gaulche.
souspir.

Ces quatre pas font vn double a gaulche.

ces quatre pas font vn double a droict.

Plusieurs branles preignent denomination des pays esquelz on les practicque ordinairement : Les Poicteuins dancent leurs branles de Poictou : Les Escossois les branles d'Escosse: Les Bretons, les branles qu'ils appellér le Triory, ou passe-pied.

Capriol.

l'atteasque m'en donniez les tabulatures.

BRANLE DE POICTOV.

Arbeau.

Aulcuns ignorans, ont corrompu les mouuements du branle de *Poictou*, lesquels ie n'entends suyure, & vous en donneray
la tabulature, a la mode que ie les ay aultresfois dancé auec les
Bachelettes de *Poictiers* : Ce branle se dance par mesure ternaire, en allant toufiours a main gaulche, sans diuertir a la
droicte : Ie ne vous en donneray que le commencement d'vn
air, parce que le reste dudit air, & tous les aultres branles, dont
il en y a grand nombre, ont mesmes mouuements.

Air du branle de Poictou.   *Mouuements.*

pied en l'air droict.

pied en l'air gaulche.

pied en l'air droict.

pied en l'air gaulche.

pied en l'air droit.
pied en l'air gaulche.
pied en l'air droit.
pied en l'air gaulche.
soufpir.

Capriol.

Ne faict-on point d'auantage de decoupements en ce branle de *Poictou* : Iay ouy dire que les *Poicteuines* le decoup-
pent, & en font vn bruit gracieux de leurs sabots.

A la verité, elles le trepignent d'auantage fur les deuxieme &
troifieme mefures ternaires, qui contiennent fix minimes bláches , fur chacune defquelles elles font fix pieds en l'air, a rechange, ainfi que voyez cy deffoubz.

Continuation du mefme air.   *Mouuements plus decouppés.*

pied en l'air droit.

pied en l'air gaulche.

pied en l'air droit.

pied en l'air gaulche.
pied en l'air droit.
pied en l'air gaulche.
pied en l'air droit.
pied en l'air gaulche.
pied en l'air droit.
pied en l'air gaulche.
foufpir.

BRANLE D'ESCOSSE.

Les branles d'Efcoffe eftoient en vogue y a enuiron vingt
ans: Les ioueurs en ont vne fuitte de certain nombre de branles, differens de mouuements, que vous pourrez apprédre par
l'inftruction defdits ioueurs, ou de voz compaignons: On les
dance par mefure binaire legiere, comme voyez en la tabulature de ces deux branles fuyuants, qui font les premier & deuxieme de la fuytte.

Tabulature du branle d'Escosse.

Air du premier branle d'Escosse.   *Mouuemens pour ce premier branle.*

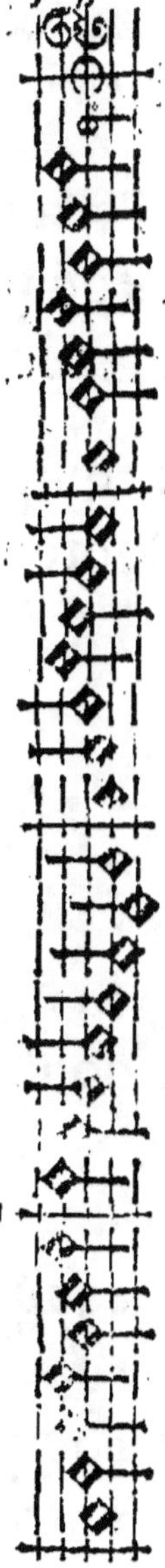

pied largy gaulche.

pied droit approché.

pied largy gaulche.

pied croisé droit.

Ces quatre pas equipolēt vn double a gaulche.

pied largy droit.

pied gaulche approché.

pied largy droit.

Ces quatre pas equipolēt vn double a droit.

pied croisé gaulche.
pied largy gaulche.

pied croisé droit.

Ces deux equipolēt a simple gaul.

pied largy droit.

pied croisé gaulche.

Ces deux equipolēt a simple droit.

pied largy gaulche.

pied droit approché.

pied largy gaulche.

pied croisé droit.

Ces quatre equipolent vn double a gaulche.

Continuation de l'air.   *Continuation des mouuements.*

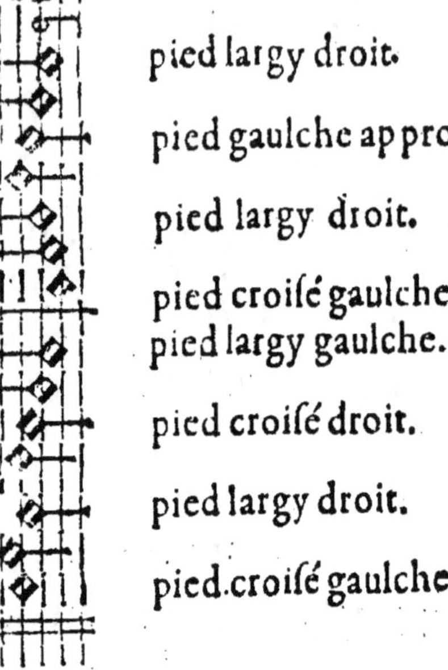

pied largy droit.	
pied gaulche approché.	Ces quatre pas e-quipolēt vn dou-ble a droict.
pied largy droit.	
pied croisé gaulche. pied largy gaulche.	Ces deux equipo-lēt simple gaulc.
pied croisé droit.	
pied largy droit.	Ces deux equipo-lent simple droit.
pied.croisé gaulche.	

Air du second branle d'Escosse.   *Mouuements pour dancer ce second branle.*

pied largy gaulche. pied droit approché.	Ces quatre equi-polent vn double a gaulche.
pied largy gaulche.	
pied croisé droit.	
pied largy droit. pied croisé gaulche.	Ces deux equipo-lent simple gaul.
pied largy gaulche.	Ces deux equipo-lent simple droit.
pied croisé droit.	

Continuation

Continuation de l'air. | Continuation des mouuements.

Pied largy droict.
Pied gaulche approc.

Ces quatre equipolent a vn double a droict.

pied largy droict.
pied croisé gaulche.

Pied gaulche largy.
Pied droit approché.

Ces quatre equipolent a double gaulche.

Pied gaulche largy.

pied croisé droict.

Pied droit largy.
Pied gaulche croisé.
pied en l'air droict.

Ces deux equipolét a simple droict.

pied en l'air gaulche.

pied en l'air droit.

Sault & capriole.

TRIORY DE BRETAGNE.

Ce branle est peu ou point pratiqué par deça : S'il vous aduient quelque iour de le dancer, ce sera par mesure binaire legiere, ainsi que ceste tabulature vous le monstre: Ie l'ay aultres fois appris a dancer d'vn ieune Breton, lequel demeuroit auec moy escollier à Poictiers.

Capriol.

Ie seray bien ayse de sçauoir ce Triory : On ne peult que mieux valloir d'auoir l'intelligence de beaucoup de choses.

X.

Tabulature du branle appellé Triory.

Air de ce branle. *Mouuements pour ce branle Triory.*

Pied gaulche largy.

Pied droit approché.
Pied gaulche largy.
pied en l'air gaulche.

Sault a gaulche, a pieds ioincts.
pied en l'air gaulche.
Pied en l'air droict.
pied en l'air gaulche.

Ces quatre pas equipolent a double gaulc.

Et ainsi vous continuerez, en repetant les mouuements comme dessus.

En lieu des trois pieds en l'air qui sont a la fin de ce Triory, vous vous tiendrez ferme sur les bouts de voz arteils, & remuant voz tallons ioincts, en lieu du marque-pied gaulche, remuerez vos deux tallons a droict, & en lieu du marque-pied droit, remuerez voz deux talons à gaulche, & en lieu du dernier pied en l'air gaulche, remuerez voz talons a droit, en leuát en mesme instant vostre pied gaulche en l'air, & affin que le voyez plus clairement à l'œil ie vous donneray la tabulature des trois dernieres nottes de l'air cy dessus.

Haulse talon droit.
Haulse talon gaulche.
Haulse talon droit.

En faisant ce dernier haulse talon, en mesme instant fault faire vn pied en l'air.

Il y a encore plusieurs sortes de branles, desquelles ie suis
d'aduis de vous en donner les tabulatures, puis que vous estes
curieux d'en beaucoup sçauoir: Et fault que vous sçachiez que
quand on a fait quelque branle nouueau, qu'ils appellent vn
ballet(pour s'en seruir en vne mascarade de quelque festin)in-
continent les ieusnes gens l'apportent és compagnies, & luy
attribuent vn nom a leur plaisir. De ce nombre sont les bráles dont s'ensuyuent les tabulatures, desquels branles & ba-
lets, la pluspart sont dancez auec mines, morgues, & gesticulations,& pour ceste occasion,on les peult appeller branles
morguez: Nous les commencerons par le branle de Malte.

BRANLE DE MALTE.

Aulcuns Sieurs Cheualiers de Malte firent vn ballet pour
vne mascarade en Cour,ou ils estoient aultant d'hommes que
de Damoiselles habillez à la Turque, lesquels dançoient vn
branle en rond,qu'ils appellerent le branle de Malte, auec certains gestes & tornoyements de corps:Et depuis fut ce branle
dancé par la France,comme nouueau, il y a enuiron quarante
ans:L'air & les mouuements sont en mesure binaire, pesamment,comme verrez en ceste tabulature.

Capriol.

Peult-estre qu'à Malte , les habitans du pays dancent ordinairement ce branle,& que ce n'est pas vn ballet inuenté a
plaisir.

Arbeau.

Ie ne peulx croire que ce soit aultre chose qu'vn ballet, car
on le dance auec certaines morgues,gestes & côtenances, que
l'on y a obserué pédantqu'il a esté en regne: Quoy qu'il en soit
la tabulature suyuante vous seruira.

X ij

Tabulature du branle de Malte.

Air du branle de Malte.   Mouuements.

Pied gaulche largy.

Pied droit approché.

Pied gaulche largy.

Pieds ioincts.

Ces quatre pre-
mier pas font vn
double gaulche.

Pied largy droit.

Pieds ioincts.

Ces deux font
simple droit.

Pied gaulche auancé.

Pied droit auancé.

Pied gaulche auancé.
Pied droit auancé.
Pied gaulche auance, auec
greue droicte.
Pied droit auancé.

*Pendant ces mouuements
icy, les danceurs font une
gesticulation, s'approchäs
serrez au meilleu de la
dance, comme s'ils vou-
loient parlementer ensem-
ble.*

Greue gaulche.
Pied gaulche auancé.

*Dés icy, ils laschent leurs
mains, & commencent
chacun a faire le tour a
main gaulche.*

Greue droicte.

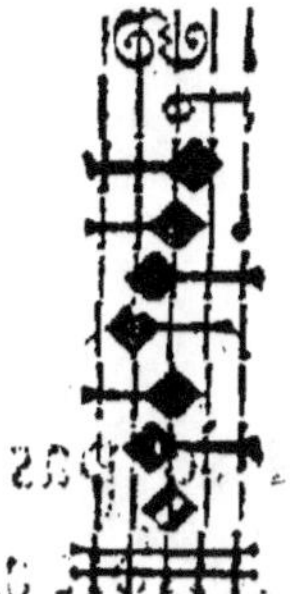

pied en l'air gaulche.

pied en l'air droit.

pied en l'air gaulche.
pieds ioincts.

Aprez que les danceurs ont faict le tour, & qu'ils sont tumbez a piedz ioinctz, ils se repreignent par les mains pour repeter comme au commencement.

Fault notter, qu'à toutes les fois que l'on fait repetition de ce branle, on fait aussi de nouuelles mines & gesticulations, comme sont touchemens de mains, & à vne aultresfois, esseuations d'icelles auec admiration la teste esleuee au ciel, & ainsi d'aultres morgues, telles qu'il plaist aux danceurs de rechanger.

B. DES LAVANDIERES.

Le branle morgué, appellé le branle des Lauandieres, se dance par mesure binaire, & est ainsi appellé, parce que les danceurs y font du bruit auec le tappement de leurs mains, lequel represente celuy que font les batoirs de celles qui lauent les buées sur la riuiere de Seyne, à Paris.

Capriol.

Faict-on plusieurs diuersitez de morgues en ce branle des Lauandieres, duquel vous parlez?

Arbeau.

Vous verrez par les annotations que ie vous mettray en marge de la tabulature, les diuersitez qui y sont, desquelles on ne fait point de rechange, quand on repete ledit branle comme au commencement, dont ie vous eusse aduerty quand bien vous ne me l'eussiez presentement demandé,

Tabulature du branle des Lauandieres.

Air de ce branle. *Mouuements d'iceluy.*

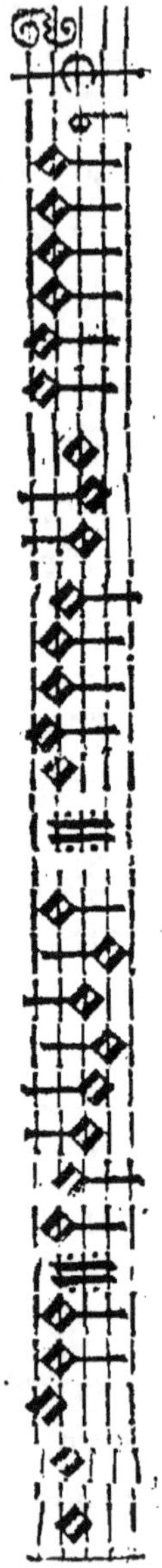

pied largy gaulche.
pied droit approché.
pied largy gaulche.
pieds ioincts.

Ces quatre pas font vn double a gaulche.

pied largy droit.
pied gaulche approché.
pied largy droit.
pieds ioincts.

Ces quatre pas font vn double a droit.

pied largy gaulche.
pieds ioincts.
Pied largy droit.
Pieds ioincts.

Durant ces deux simples, les femmes se tiennent par les coustez, & les hommes les menacent du doigt, & a la repetition desdits deux simples, les hommes se preignent par les coustez, & les femmes les menacent.

pied largy gaulche.
Pied droit approché.
Pied largy gaulche.
pieds ioincts.

Pendant ce double a gaulche, tous les danceurs font vn bruit de leurs mains frappees l'vne sur l'aultre.

S'ensuyt le reste de l'air & des mouuements de ce branle.

Air.   *Mouuemens.*

Pied largy droit.	
Pied gaulche approc.	**Ces quatre pas font vn double a droit.**
Pied largy droit.	
\ rieds ioincts.	

Pied largy gaulche.	
pied droit approché.	*Pendant ces quatre pas, tous les danceurs sont encore du bruict, en frappant de leurs mains l'vne sur l'aultre.*
Pied largy gaulche.	
Pieds ioincts.	
Pied en l'air gaulche.	*Pendant ces quatre pas, les danceurs laschás leurs mains, tornent chacun vn tour a la main gaulche, & aprez le sault se repreignent, pour repe ser le commencement.*
Pied en l'air droit.	
Pied en l'air gaulche.	
Sault majeur tumbant a pieds ioincts.	

BRANLE DES POIS.

Entre les branles morguez & gesticulez, est celuy des Poiz,
aultrement appellé le branle de Margueritotte, lequel se dance
par mesure binaire legiere, comme le branle commun, ou cõme le hault barrois, qui veult, il y entre aultant d'hommes que
de femmes, qui le dancent ainsi que vous voyez en la tabulature suyuante, en la marge de laquelle, ie vous ay mis les annotations des gestes & morgues qu'il y conuient faire, lesquelles ne
sont pas difficiles.

Tabulature du branle appellé des Pois.

Air de ce branle.   *Mouuements d'iceluy.*

pied largy gaulche.

pied droit approché,
pied largy gaulche.
pieds ioincts.

Pied largy droit.

pied gaulche approché.

Pied largy droit.
Pieds ioincts.

Sault majeur, par les hõ
mes.
pieds ioincts.
Sault majeur par les fem
mes.
Pieds ioincts:

pied largy gaulche.
Petit saulr.
Pieds ioincts.
Petit sault.
Pieds ioincts.
Petit sault.
Pieds ioincts.

Ces quatre pas font vn double a gaulche.

Ces quatre pas font double a droict.

Pẽdant ces deux pas les fem-
mes ne se bougent.

Pendant ces deux pas, les
hommes ne se bougent.

Pendant que les hommes
font ces trois saults icy, les
femmes ne font aucun mou-
uement.

S'ensuyt la tabulature de l'acheuement de l'air & mouuements du present branle, appellé le branle des Pois.

Air.

Air.   *Mouuements.*

Sault majeur par les fem-   *Pendant ces deux pas, les*
mes.   *hommes ne se bougent.*
Pieds ioincts.
Sault majeur par les hom   *Pendant ces deux pas, les*
mes.   *femmes ne se bougent.*
Pieds ioincts.

Pied largy gaulche.   *Pendant que les femmes*
Petit sault.   *font ces trois saults icy, les*
Pieds ioincts.   *hommes ne font aucun mou-*
Petit sault.   *uement.*
Pieds ioincts.
Petit sault.
Pieds ioincts.

B. DES HERMITES.

Ie vous colloquerois entre les branles morguez, le branle
des Hermites, lequel a esté ainsi nommé, parce que l'on y faict
des gestes semblables à ceulx qu'ont accoustumé de faire les
Hermites, quand ils saluent quelqu'vn, & croy qu'aultresfois il
soit yssu de quelque mascarade, en laquelle les ieusnes hômes
s'estoient reuestus d'habits taillez en forme de ceulx que les
Hermites portent. Mais ie ne vous conseilleray point de porter
tels habits en masque, ny de contrefaire les contenances des
Religieux; car il fault honorer & leurs habits & leurs personnes. Pour ceste occasion, ie m'en tairay.

Capriol.

Ie suyuray voluntiers vostre conseil : Mais ne laissez de me
donner la tabulature, comment on l'a dancé.

Y

Arbeau.

Ie veulx bien satisfaire à voſtre deſir, puiſque n'auez intention aultre, ſinon de l'apprendre, pour n'en eſtre ignôrant.
Ce branle a eſté dancé par meſure binaire mediocre, en la forme que voiez en la tabulature cy deſſoubz.

Tabulature du branle des Hermites.

Air du preſent branle.   *Mouuements pour iceluy.*

pied largy gaulche.

pied droit approché.   **Ces quatre pas**
fōt vn double
pied largy gaulche.   **a gaulche.**

pieds ioincts.

pied largy droit.

pied gaulche approché.   **Ces quatre pas**
fōt vn double
pied largy droit.   **a droict.**

pieds ioincts,

Pied en l'air droit.   *Pendant ces quatre pas, les*
danceurs font vn demy tour
Pied en l'air gaulche.   *a la main gaulche, & ſe re-*
treuuent le viſage en dehors
Pied en l'air droit.   *la dance.*

Pieds ioincts.

Le reſte de l'air & des contenances, eſt cy aprés.

Mouuements.

Marque pied droict.	*Pendant ces quatre pas, les danceurs entrecroisent leurs bras, & s'enclinent, comme font les ieunes nouices.*
Marque pied gaulche.	
Marque pied droict.	
Pieds ioincts.	
Pied en l'air droit.	
Pied en l'air gaulche,	*Pendant ces quatre pas, les danceurs font vn demy tour à gaulche, & se retreuuent le visage en dedans, comme au commencement.*
Pied en l'air droit.	
Pieds ioincts.	
Marque-pied droit.	*Pendant ces quatre pas, les danceurs s'enclinent comme nous venons de dire.*
Marque-pied gaulche.	
Marque-pied droit.	
Pieds ioincts.	

B. DV CHANDELIER.

Ce branle, aultrement appellé le branle de la torche, se dance par mesure binaire mediocre, ainsi & par mesmes pas que l'Allemande : Celuy qui le veult dancer, prend vn chandelier auec la chandelle allumee, ou vne torche ou flambeau, & en dançant & marchant en auant vn tour ou deux par la salle, regardant çà & là celle qu'il veult mener, la choisit telle que bon luy semble, & dancent par ensemble quelque petit espace de temps. & en fin la colloque & laisse seulle au bout de la salle. & faisant la reuerence, luy donne en main le chandelier, torche, ou flambeau, & en dançant se retire en sa place: La damoiselle

tenant le chandelier, faict comme elle a veu faire au ieune hôme, & en dançant, en va choisir quelque aultre, auquel en fin,
aprez l'auoir mis en sa place, elle donne le chandelier, & ainsi
consequemment s'appellent a ceste dance les vns les aultres.

Tabulature du branle de la torche.

Air de ce branle.   *Mouuements d'iceluy.*

Pied gaulche auancé.

Pied droit auancé.

Pied gaulche auancé.
Greue droicte.

Pied droit auancé.

Pied gaulche auancé.

Pied droit auancé.
Greue gaulche.
Pied gaulche auancé.

Pied droit auancé.

Pied gaulche auancé.
Greue droicte.

Pied droit auancé.

Pied gaulche auancé.

Pied droit auancé.
Greue gaulche.

Pendant ces pas &
mouuements, le
danceur faict vn,
ou deux tours de
salle, en cherchant
celle qu'il veult
choisir, pour luy
donner le chande-
lier.

Continuation de l'air.   *Continuation du mouuement.*

Pied gaulche auancé.   *Pendant ces quatre pas le dá-*
Greue droicte.   *ceur regarde çà & là, pour*
Pied droit auancé.   *choisir celle qu'il a enuie de*
Greue gaulche.   *prendre entre les aultres.*

Capriol.

Ceste dance est propre a y faire entrer tous ceulx d'vne compagnie, ainsi côme vous m'auez dit en la gaillarde Lyonnoise.

Arbeau.

BRANLE DES SABOTS.

Rosinus en son liure des antiquitez Romaines r'apporte aprez Denis halicarnassée liure 7. qu'entre les magnificences que l'on faisoit à Rome és pompes des ieuz publicques, marchoient en leur renc les dáceurs, auec les tibies, harpes, & barbytons, l'vn desquels danceurs marchoit deuant les aultres, & leur monstroit certaines formules de dances & morgues, que tous les aultres qui le suyuoient, s'efforçoient de contrefaire aprez luy, cômme s'ils eussent ioué au guignolet: A ceste semblance fut faicte en ceste ville de Lengres vne mascarade, en laquelle vne mere-Folie precedoit trois fols, & leur prescriuoit certains gestes, puis se retornoit pour veoir si lesdits trois fols ses enfans, feroient bien comme elle: Ils dançoient le brâle des sabots, qu'ils y auoient adapté.

Capriol.

Comment se dance ce branle des sabots?

Arbeau.

Par mesure binaire, comme les branles doubles, en faisant quatre pas a main gaulche, puis quatre pas a main droicte. Puis deux simples, & trois tappements de pieds que l'on repete.

Tabulature du branle des sabots.

Air de ce branle.	Mouuements d'iceluy.

Pied gaulche largy.
pied droit approché.
pied gaulche largy.

Ces quatre pas font vn double gaulche.

Pieds ioincts.

pied largy droit.

pied gaulche approché.

Pied largy droit.

Ces quatre pas font vn double a droict.

Pieds ioincts.
Pied gaulche largy.

Ces deux font vn simple a gaulche.

Pieds ioincts.

pied largy droit.

Ces deux font simple droit.

pieds ioincts.

tappement du pied droit.

tappement du pied droit.

tappement du pied droit.

En lieu de ces tappements de pied, on faict d'autres morgues qui veult.

En ce branle des fabots, les hommes feront (si on veult) les
trois premiers tappements des pieds, & cependant les femme ne feront aucun mouuement, & a la repetition, les femmes feront les aultres trois tappements de pied, & cependant
les hommes ne se bougeront: Puis tous ensemble recommé-
ceront le branle, pour y faire nouuelle morgues, qui voudra.

Capriol.

Ces tappements de pied me font souuenir des cheuaulx
quand il veuillent troubler l'eau, ou des haquenees, quand il
leur tarde d'auoir le picotin d'auine.

Arbeau.

B. DES CHEVAVLX.

A ce propos, iay veu que l'on dançoit en ceste ville vn branle, qu'on nommoit le branle des cheuaulx, ou l'on faisoit des
tappements de pied, comme au branle precedent, & me semble que l'air est tel ou semblable que voyez en la tabulature
suyuante, laquelle se dançoit par mesure binaire, comme le
branle commun, le ieune homme tenant sa Damoiselle par les
deux mains. Le commencement de l'air dudit branle estoit
comme voyez icy notté, & se dançoit par quatre doubles a
gaulche, & par quatre doubles a droit.

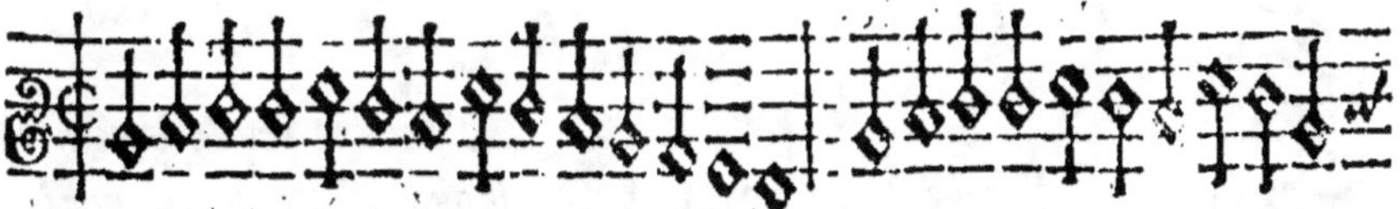

Double a gaul. Double a droit.   Double a gaul.   Double

a droit.   Double a gaulche. Double a droit.   Double

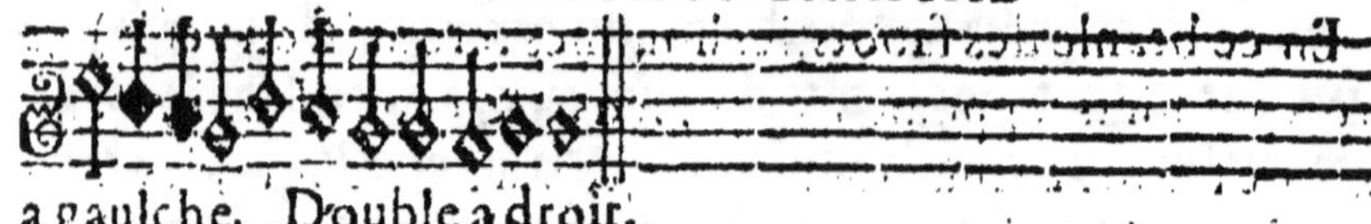

a gaulche. Double a droit.

Tabulature du reste de ce branle.

Air.   **Mouuements.**

Deux tappements du pied droit par l'hom-me.

Pendant ces tappements de pied, & le tour que l'hõme fait, la fẽme ne bouge.

pied largy droit.

pieds ioincts.
pied largy gaulche.

Ces deux pas fõt simple a droict.

pied droit approché.

Pendant ces quatre pas icy, l'homme fait vn tour a la main gaulche.

pied largy gaulche.

pieds ioincts.

Deux tappements de pieds droit. par la fẽm-me.

Pendant ces tappements de pied, & le tour que la femmẽ fait, l'homme ne bouge.

pied largy droit.

pieds ioincts.

Ces deux pas fõt simple a gaulche.

Continuation

Continuation de l'air.   *Continuation des mouuements.*

·Pied largy gaulche.

Pied droit approché.

Pied largy gaulche.

Pendant ces quatre pas, la femme faict vn tour a la main gaulche.

Pieds ioincts.
Ce fait, les danceurs se repreignent par les deux
mains, & reiterent comme au commencement.

B. DE LA MONTARDE.

Aultresfois nous auons dancé vn branle morgué, que l'on
nommoit la montarde, qui se dançoit par mesure binaire, auec
petits saults comme le hault-barrois, en allant tousiours a gaul
che, sans diuertir a la main droicte. Les danceurs sont en pa-
reil nombre d'hommes & de femmes, vn des hommes meyne
le deuant, vne des femmes tient la queuhe, & dancent ensemble quatre doubles a gauche: quoy fait, le premier fait vn tour
en se separant des aultres : Puis la deuxieme fait vn tour en
s'approchant du premier: Puis le troisieme fait vn tour en s'ap-
prochát de la deuxieme, & ainsi consequément tous ceulx de
la dáce font chacun leur tour· Et quand la derniere a fait son
tour, le premier fait vne haye, en passant par deuant les femmes, & par derrier les hommes & se met a la queuhe prenant
par la main la derniere femme: Et pédant qu'il fait ceste haye,
les aultres (par deuant & par derrier lesquels le premier est pas-
sé) se repreignent tous par les mains, & repetent le branle cóme au commencement. Ainsi faisant, cellé qui estoit la deuxieme, se treuue la premiere, soit qu'elle face ainsi qu'à fait

le premier au commencement, & ainſi chacun meyne le premier & le dernier a ſon tour : Et quand la derniere eſt venue a la primaulté, & qu'elle a fait ſa haye, elle ſe retreuue derniere comme elle eſtoit premierement : Lors les ioueurs d'inſtruments finiſſent le branle, duquel voicy la tabulature.

Tabulature du branle de la Montarde.

Air de ce branle.   *Pas & mouuements*

Pied largy gaulche.
Petit ſault.
Pied droit approché.
Petit ſault.
Pied largy gaulche.
Petit ſault.
Pieds ioincts.
Petit ſault.

Ces quatre pas fõt vn double a gaulche.

Pied largy gaulche,
Petit ſault.
Pied droit approché.
Petit ſault.
Pied largy gaulche.
Petit ſault.
Pieds ioincts.
Petit ſault.

Ces quatre pas fõt encore vn double a gaulche.

Pied largy gaulche.
Petit ſault.
Pied droit approché.
Petit ſault.
Pied largy gaulche,
Petit ſault.
Pieds ioincts.
Petit ſault.

Ces quatre pas fõt encore vn double a gaulche.

Pied largy gaulche.
Petit fault.
Pied droit approché.
Petit fault.

Pied largy gaulche.
Petit fault.
Pieds ioincts.
fouſpir.

Pied en l'air gaulche.

Pied en l'air droit.

Pied en l'air gaulche.

Pieds ioincts.

Ces quatre pas font encore vn double a gaulche.

Les ioueurs d'inſtruments repetent ceſte fin aultät de fois qu'il y a de danceurs, afin que chacū d'eulx face ſon tour, puis recommencent le branle, lors le premier fait la haye, & les aultres ſe repreignēt par les mains pour dancer.

Capriol.

Ce branle de la moutarde, eſt donc celuy que les Damoiſelles appellent la haye.

Arbeau.

BRANLE DE LA HAYE.

La dance de la haye que vous dictes eſt aultre: Elle ſe dance par meſure binaire, comme la Courante: Les danceurs ſeuls, & l'vn aprez l'aultre, premierement dancent l'air en façon de Courante, & ſur la fin s'entrelacent, & font la haye les vns parmy les aultres: Ie vous donneray en premier lieu l'air de ladicte Courāte, lequel (comme ſçauez) va par deux ſimples double, puis ie

donneray l'air que les ioueurs d'instruments sonnent sur la fin,
pendant lequel, les danceurs s'entrelacent.

Tabulature de la dance de la haye.

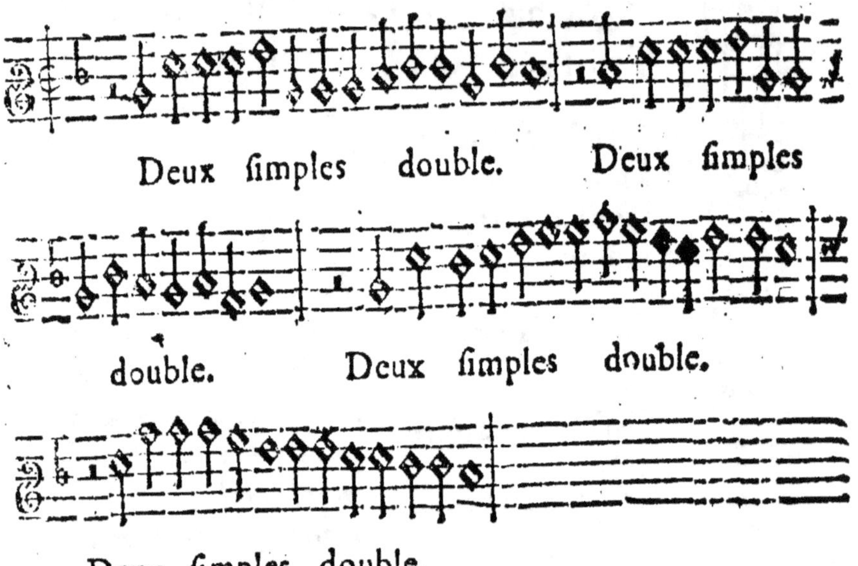

Air & mouuements de la haye.

pied gaulche auancé.

pied droit auancé.

pied gaulche auancé.

pieds ioincts.

*Pendant ces quatre pas, &
aultres suyuãts qui sont semblables, les danceurs font la
haye, en changeans de place
l'vn l'aultre.*

Vous entendrez en la page suyuante, comme se
doit continuer le reste de ladicte haye.

Continuation de l'air.   *Continuation des mouuemens.*

pied droit auancé.

pied gaulche auancé.

pied droit auancé.

pieds ioincts.

Pendãt ces quatre pas, le premier de la dance continue la haye, iusques a ce qu'il soit venu a la dernisre personne, & les ioueurs sonnent tousiours ceste fin, iusques a ce que la haye soit faicte.

Capriol.

Ie ne peulx pas bien comprendre ce que dictes de ceste haye.

Arbeau.

Vous l'entendrez bien facilement ainsi : posez le cas qu'ilz soient trois dãceurs (cest le moindre nombre qui y peult estre) & ymaginez qu'ils soient comme voiez ces lettres A B C.

A B C.

E's premiers quatre pas de l'air de la haye, A & B changent de place en passant a leurs gaulches, puis és quatre secõdes mesures A & C changent de place, en passant a leurs mains droictes, tellement qu'ils se treuueront placez ainsi que voiez icy.

B C A.

Ce fait, B & C changeront comme dessus, puis B & A, tellement qu'ils se treuueront disposez ainsi que voiez és troisiesmes quatre pas de l'air de la haye.

C A B.

E's quatre pas suyuants, C changera auec A, puis ledit C auec B, & ainsi se retreuueront comme au commencement.

A B C.

Capriol.

Si d'auenture les danceurs eſtoient plus de trois, l'entrelaz
ſe feroit-il de meſme que venez de dire?

Arbeau.

Vous le pouuez conclure: Mais il fauldroit auoir eſgard a ce
que ie vous vay dire: poſez le cas qu'ils ſoient ſept en nombre,
a b c d e f g. quãd a le premier aura changé auec b le ſecõd,
& que ledit a aura encore changé auec c le troiſieme, & qu'il
viendra a changer auec d le quatrieme, il fauldra quant & quãt
que b maintenant premier, commence de hayer & changer
auec c maintenant le ſecond, & ainſi conſequemment.

Capriol.

A ce que vous dictes, i'ymagine que c ſoit le premier, & qu'il
fauldra donc qu'il commence ſa haye en changeant auec d,
maintenant ſecond, en meſme inſtant que b changera & fera
la haye auec e. maintenant quatrieme, & ainſi conſequémment.

Arbeau.

Vous le prenez & entendez fort bien: Le branle de l'Official
ne vous ſera pas ſi difficile.

B. DE L'OFFICIAL.

N'a pas long temps que ce branle eſt en termes, lequel ſe dance par meſure binaire, & par petits ſaults, comme le hault-barrois, & ſe commence par vn double a gaulche & vn double a
droit repetez: puis les danceurs vont touſiours a gaulche ſix
ſimples durans, a la fin deſquels les ioueurs d'inſtruments
font la cadance, lors les hommes preignent les femmes par le
faulx du corps, & les font ſaulter & bondir en l'air, pour tumber a ladicte cadance, & cependant les hommes ſe tiennent
fermes ſur les pieds pour les ſouſtenir, & en ces endioicts ſont
bien empeſchez ceulx qui ſe parforcét de ſouſleuer celles qui
ne ſe veuillent ayder de leurs couſtez.

Tabulature du branle de l'Official.

Air de ce branle.	Mouuements d'iceluy.	
	pied gaulche largy.	
	petit sault.	
	pied droit approché.	Ces quatre pas font vn double a gaulche.
	petit sault.	
	Pied gaulche largy.	
	petit sault.	
	Pieds ioincts.	
	petit sault.	
	Pied largy droit.	
	petit sault.	Ces quatre pas font vn double a droict.
	pied gaulche approché.	
	petit sault.	
	pied largy droit.	
	petit sault.	
	Pieds ioincts.	
	petit sault.	
	Pied gaulche largy.	
	petit sault.	
	pieds ioincts.	*Pendant ces pas icy, les danceurs vont tousiours du cousté gaulche, sans diuertir a droict.*
	petit sault.	
	pied largy gaulche.	
	petit sault.	
	Pieds ioincts.	
	petit sault.	
	pied largy gaulche.	
	petit sault.	

Continuatiõ de l'air.   Continuation des mouuements.

pieds ioincts.

petit sault.

pied largy gaulche.
petit sault.

La continuatiõ de ces mouuements icy, se fait tousiours
a gaulche, sans diuertir a
droiĉt.

pieds ioincts.
petit sault.
pied largy gaulche.

petit sault.

pieds ioincts.

petit sault.
pied largy gaulche.

petit sault.

pieds ioincts.

Pied en l'air gaulche.

Pied en l'air droit.

pieds ioincts.
pause.

Pendant ces quatre pas icy,
l'homme empoigne la fem-
me par le faulx du corps, l'es-
leuant en l'air pour la faire
saulter; & pour ce faire se
retorne a la main droiĉte.

Capriol.

I'entends bien qu'il fault continuer ce branle, en repetant
comme au commencement: Mais ie le treuue de grand peine,
ioinĉt que pour le bié dácer, on depend en partie de la dexterité & allegresse de la Damoiselle qu'il fault que le danceur face saulter, & tel danceroit qui n'auroit pas force competente.

Arbeau.

Arbeau.

Vous ne treuueriez pas de grand peine les branles des Gauotes, efquelz il ne fault point enleuer en l'air les Damoifelles, feullement il les fault baifer.

Capriol.

Ceft chofe que ie ferois aifeement & bien voluntiers, parquoy ie defire les fçauoir & apprendre.

Arbeau.

GAVOTES.

Gauottes, ceft vn recueil & ramazuu de plufieurs branles doubles que les ioueurs ont choify entre aultres, & en ont compofé vne fuytte que vous pourrez fçauoir deulx & de voz compagnóns, a laquelle fuytte ils ont donné ce nom de Gauottes. lefquelles fe dancent par mefure binaire, auec petits faults, en façon de haultbarrois, & confiftent de double a droit & de double a gaulche comme les branles communs: Mais les danceurs decoupent lefdits doubles tant a droit qu'a gaulche, par paffages a plaifir tirez des gaillardes: Quand lefdits danceurs ont quelque peu dancé, l'vn d'iceulx (auec fa Damoifelle) s'ef carte a part, & fait quelques paffages au meillieu de la dance au confpect de tous les aultres, puis il vient baifer toutes les aultres Damoifelles, & fa Damoifelle tous les ieufnes hommes, & puis fe remettent en leur renc, ce fait, le fecond danceur en fait aultant, & confequemment tous les aultres: Aulcuns donnent cefte prerogatiue de baifer, feullement a celuy qui eft le chef de la fefte, & a celle qu'il mene: Et en fin ladicte Damoifelle ayant vn chapelet ou bouquet, le prefente a celuy des danceurs qui doibt payer les ioueurs, & eftre le chef de la fefte a la prochaine affemblee, lequel y vfera de mefme prerogatiue, & ainfi font par tour: Ie vous donneray l'air du premier branle, & aulcuns decouppements que changerez a plaifir:

a

Tabulature d'vne Gauotte.

Air de la Gauotte.   *Mouuements.*

pied largy gaulche.
petit sault.

Passage de quatre pas, equipolents a vn double a gaulche.

pied droit approché.
petit sault.

marque-pied droit croisé.
petit sault.
greue droicte croisee.
petit sault.
pieds ioincts.

petit sault.
marque-pied g. croisé.
marque pied droit croisé.
greue droicte croisee.
petit sault.
pieds ioincts auec capriole.

Passage de cinq pas, contenant la mesure de quatre pas, equipolents a vn double a droit.

Voicy le reste de l'air du premier branle de la suytte des Gauottes, que sonnent noz ioueurs de Lengres: Vous y adapterez les decouppemen̄ts cy dessus, ou tels aultres qu'il vous plaira choisir & inuenter, ou imitter aprés les bons & gaillards danceurs. Si ceste espece de dance fust venue du temps de mes premieres iambes, ie neusse pas failly d'en faire des memoires.

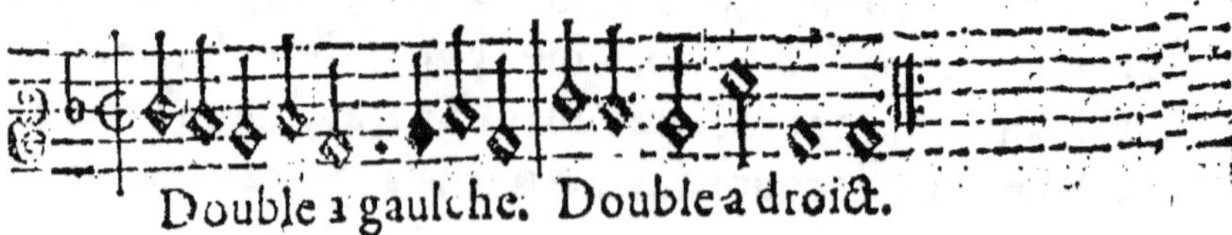

Double a gaulche. Double a droict.

MORISQVES.

De mon ieufne aage, iay veu qu'és bonnes compagnies, aprez le foupper entroit en la falle, vn garçonnet machuré & noircy, le front bandé d'vn taffetats blanc ou iaulne, lequel auec des iambieres de fonnettes dançoit la dance des Morifques, & marchant du long de la falle, faifoit vne forte de paffage, puis retrogradant, reuenoit au lieu ou il auoit commencé, & faifoit vn aultre paffage nouueau, & ainfi continuant, faifoit diuers paffages bien aggreables aux affiftans: Macrobe en fon troifieme liure des Saturnales chap. 14. fait reciter par Horus, que les nobles enfans & ieufnes filles des bonnes maifons de Rome, dançoient auec Crotales, que Bade commentateur interprete fonnettes, mais cefte interpretation ne me plaift, & croirois pluftoft que Crotales fuffent vn petit tabourin de bafque, garny de clochettes & fonnettes, tel que l'on faifoit porter a la mere des Dieux, ou bien que ce fuffent ce que nous appellons cymbales & fer triangulaire, garny de boucles, dont aulcuns iouent & font vn bruict aggreable pour accompagner la vielle: Quoy qu'il en foit, ils tenoient a grand louange d'y fçauoir bien dancer.

Capriol.

Ce vers de Virgile fert pour voftre opinion.

Crifpum fub Crotalo docta mouere latus.

Si le Poëte euft entendu des fonnettes, il euft mis *Cum*, & non pas *fub*: Tandis ie vous prie m'en donner quelque peu de tabulature, & ie les apprendray adancer a mon laquaiz.

Arbeau.

Les Morifques fe dancent par mefure binaire: Du commencement on y alloit par tappements de pieds, & parce que les danceurs les treuuoient trop penibles, il y ont mis des tappements des talons feullement, en tenát les arteils des pieds fermes

a ij

mes: Aulcuns les ont voulu dancer auec des marque-pieds, &
marque-talons meslez ensemble: L'exercice de toutes les trois
sortes, signamment celle qui va par tappements de pieds, a
fait cognoistre par experience, que finablement on y engen-
dre la podagre & maladies des gouttes, parquoy ceste dance
est tumbee en dessuetude: Ie ne laisseray de vous en donner
l'air, auec les mouuements d'vn passage, & quand aux aultres
passages, vous les pourrez apprédre de ceulx qui y sont stilez,
desquels pour le iourd'huy s'en treuue bien petit nombre.

Tabulature des Morisques.

Air de Morisques.   Mouuements.

frappe talon droit.   *Le danceur de Morisques tient*
frappe talon gaulche.   *le bout des arteils tousiours fer-*
frappe talon droit.   *me cependant qu'il frappe des*
frappe talon gaulche.   *talons, pour faire resonner ses*
frappe talons.   *sonnettes, & les frappe talons*
soulpir.   *sans dire a droit ny a gaulche, e-*
frappe talon droit.   *quipolent a pieds ioincts.*
frappe talon gaulche.
frappe talon droit.
frappe talon gaulche.
frappe talons.
soulpir.

frappe talon droit.
frappe talon gaulche.
frappe talon droit.
frappe talon gaulche.

Continuation de l'air de Morisques, comme aussi des mouuements.

frappe talon droit.
frappe talon gaulche.
frappe talon droit.
frappe talon gaulche.
frappe talon droit.
frappe talon gaulche.
frappe talon droit.
frappe talon gaulche.
frappe talons.
soulpir.

Capriol,

Ainsi que me deduisez les mouuements de ceste Morisque, il semble que le danceur ne bougera d'vne place.

Arbeau.

Il fault bien qu'il marche tousiours auant, iusques au bout de la salle: Et pour ce faire, notterez qu'aprez le frappe talons qui equipole a pieds ioincts & cadance, auant le frappe-talon droit, le danceur auance legerement ses deux pieds, & en mesme instant, fait ledit frappe talon droit: Car si vous côsiderez bien, aprez les pieds ioincts, le frappe talô droit suyt. Notterez aussi, que cest air de Morisques se decouppe par crochues, & a chacune d'icelles, fault des frappe talons comme dessus.

Capriol.

Monſieur Arbeau, ie me ſuis prins garde qu'en toutes les
dances deſquelles auez donné les mouuements, vous n'auez
point parlé du Ru de vache, & neátmoins vous me l'auez figu-
ré par cy deuant entre les aultres mouuements.

Arbeau.

Vous dictes vray : Mais la raiſon eſt, parce que les danceurs
n'en vſent quaſi point, ſi ce n'eſt en la dance des Canaries, de
laquelle ie voulois entrer en propos.

CANARIES.

Aulcuns dient qu'és Iſles des Canaries on vſe de ceſte dance,
& qu'elle leur eſt ordinaire: Aultres, de l'opinió deſquels iay-
merois mieux eſtre, ſouſtiennent qu'elle a pris ſource d'vn ballet compoſé pour vne maſcarade, ou les danceurs eſtoient habillez en Roys & Roynes de Mauritanie, ou bien en forme de
Sauuages, auec plumaches teintes de diuerſes couleurs. La façon de dácer les Canaries eſt telle: Vn ieune homme préd vne
Damoiſelle, & danceans enſemble ſoubz les cadances de l'air
qui y eſt propre, la mene ſiſter au bout de la ſalle : Ce fait il ſo
recule ou il a commencé, regardant toufiours ſa Damoiſelle,
puis il va la retreuuer, en faiſant certains paſſages, quoy fait, il
recule comme deſſus: Lors la Damoiſelle en vient faire aultant
deuant luy, & aprez ſe recule en la place ou elle eſtoit, & conti-
nuént tous deux ces aſſees & reculemens, tant que la diuerſi-
té des paſſages leur en adminiſtre les moyens, & notterez que
leſdits paſſages ſont gaillards, & neantmoins eſtráges, bizares,
& qui reſentent fort le ſauuage: Vous les apprendrez de ceulx
qui les ſçauent, & en pourrez inuenter vous meſmes de nouueaulx, ſeulement ie vous donneray l'air de ceſte dance, & aulcuns mouuements des paſſages qu'ont accouſtumé de faire
les danceurs, a veoir leſquels les ſpectateurs preignent plaiſir.

Tabulature de la dance des Canaries.

Air des Canaries.   *Mouuements.*

tappement du pied gaul. cauſant pied en l'air d.
marque talon droit.
marque pied droit.
tappemét du pied droit, cauſant
pied en l'air gaulche.
marque talon gaulche.
marque-pied gaulche.
tappemét du pied gaulche, cauſant pied en l'air droit.
marque-talon droit.
marque pied droit.
tappemét du pied droit, cauſant
pied en l'air gaulche.
marque talon gaulche,
marque-pied gaulche.

Le reſte de c'eſt air eſt continué à dancer comme deſſus, tant
& ſi long temps que le danceur meɛt à aller iuſques deuant
ſa damoiſelle & a retrograder, en demarchant iuſques en ſa
premiere place.
Et noterez que pour vn ſecond paſſage, en lieu des tappe-
ments de pied que lon a faiɛt ſur les minimes blanches de
ceſt air, on peult faire vne greue fort haulte, rabaiſſee en tap-
pement de pied traıné en derrier, comme ſi on marchoit deſ-
ſus vn crachat, ou qu'on vouluſt tuer vne araignee.

Capriol.

Vous m'auez cy deuant promis la pauane d'Eſpagne aprez
les Canaries: Comment la fault il dancer?

PAVANE D'ESPAGNE.

La pauane d'Espagne se dance par mesure binaire mediocre, soubz l'air, & auec les mouuements, dont s'ensuyt la tabulature, & quand on l'a dancee en marchant en auant pour le
premier passage, il la fault retrograder en desmarchant, puis
continuant le mesme air, on fait auec aultres nouueaulx mouuements le second passage, puis les aultres consequemment.
lesquels pourrez apprendre tout a loisir

Air & mouuements de la pauane d'Espagne.

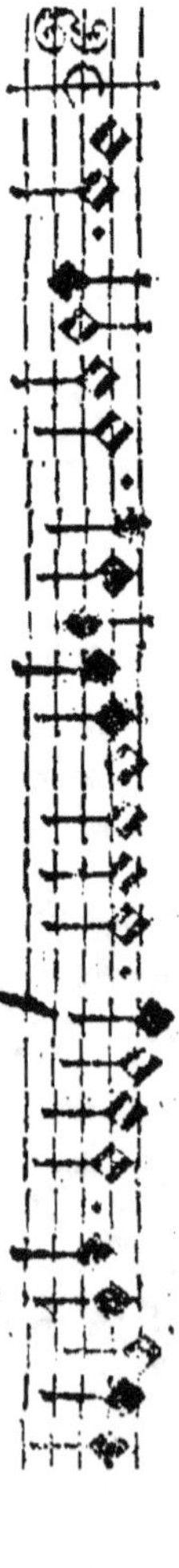

pied gaulche auancé.
pieds ioincts.

Ces deux pas sõt simple a gaulche.

pied droit auancé.

Ces deux pas sõt simple a droit.

pieds ioincts.

pied gaulche auancé.

Pied droict approché, causant pied en l'air gaul.
fleuret.

Es aultres passages de ceste pauane d'Espagne, en lieu de ces fleurets icy, le danceur fait d'aultres gesticulations, tant en marchant que retrogradant.

fleuret.

fleuret.

fleuret.

fleuret.

En la page suyuante pourrez veoir le reste.

Continuation.

Continuation de l'air.   *Continuation des mouuements.*

fleuret.

fleuret.

pieds ioincts.
pied en l'air droit.

pied en l'air gaulche.

pied en l'air droit.

pieds ioincts.

Le danceur fait ceste fin en tous les passages de la pauane d'Espagne.

Il me semble(Capriol mon bon amy)vous auoir satisfaict,en vous donnant ce que i'ay peu me resouuenir,tant de la saltatió & dance guerriere,que de la recreatiue : N'est ce pas suffisamment, attendu qu'il y a si long temps que ie n'en n'ay fait exercice,& que la pluspart des dances sont nouuelles.

Capriol.

Ie ne pense pas(monsieur Arbeau)qu'il soit possible d'en traicter d'auantage ny plus lucidement: Vray est qu'auez encore oublié a parler des Bouffons.

Arbeau.

Vrayement puisque vous m'en aduisez, ie vous diray ce que i'en ay peu apprendre.

LES BOVFFONS.

Les Saliens ou danceurs instituez par le Roy Numa en nombre de douze,pour celebrer les festes sacrees a Mars , estans vestus de robes peintes,auec riches bauldriers & bónets aguz, les braquemards aux coustéz, les petites baguettes en la main droicte,& en la main gaulche les boucliers(desquelz l'vn estoit

comme on difoit defcendu du Ciel) dançoient au fon des tibies, & faifoient gefticulations militaires, tantoft les vns aprez
les aultres, tantoft enfembleement.

Capriol.

Cefte dance, n'eftoit ce pas la dance armee appellee Pirrique, que Minerue dança de ioye aprez les Titanes vaincuz?

Arbeau.

La fable dit que les Curetes inuenterent cefte Pirrique pour
amufer le petit enfant Iuppiter, a leurs gefticulations, & au
bruit qu'ils faifoient de leurs efpees heurtees contre les boucliers: De ces deux fortes de dances, on en a compofé vne que
nous appellons les Bouffons ou Mattachins, qui font veftus de
petits corcelets, auec fimbries és efpaules, & foubs la ceinture,
vne pente de taffetats foubz icelles, le morion de papier doré,
les bras nuds, les fonnettes aux iambes, l'efpee au poing droit,
le bouclier au poing gaulche: Lefquels dancent foubz vn air a
ce propre, & par mefure binaire, auec battements de leurs efpees & boucliers: Pour comprendre cefte dance, fault prefup-
pofer qu'on y fait plufieurs fortes de geftes: L'vn des geftes eft
appellé feincte, quand le danceur faulte fur fes pieds ioincts,
tenant fon efpee fans en toucher aucunement: Laultre gefte
eft appellé eftocade, quand le danceur recule fon bras, & auã-
ce la poincte de fon efpee, pour frapper d'icelle fon compã-
gnon. L'aultre gefte eft appelle taille haulte, quand le danceur
frappe fon compagnon en defcendant & fauchant de la main
droicte (de laquelle il tient fon efpee) à la main feneftre: Laultre gefte eft appellé reuers hault, quand au contraire le dãceur
frappe fon compagnon, en fauchãt & defcendãt dés fa main
feneftre a la main droicte: L'aultre gefte eft appellé taille baffe,
quand le danceur frappe fon compagnon, en montant de la
main droicte a la feneftre: L'aultre gefte eft nommé reuers bas,
quand le danceur frappe fon compagnon, en montant de la

main feneftre a la droicte. Et a fin que vous entendiez mieux
la tabulature que ie vous en veulx donner, ie n'efpargneray
pas de vous figurer lefdictes fortes de geftes.

Feincte.

Eftocade.

Taille haulte.

Reuers hault.

Vous voyez cy deffus quatre figures des geftes dont ie vous ay
parlé, fçauoir la feincte, l'eftocade, raille haulte, & reuers hault,

restent les figures des deux aultres gestes, que vous voyez icy
dessoubz, ouitre lesquels il y a encore quelques mouuements
de corps qu'il me semble suffiront de vous estre donnez par es-
crit, sans qu'il soit besoin de figures.

Taille basse.

Reuers bas.

Capriol,

L'escrime m'auoit desia appris tous ces gestes: Dictes moy
maintenant comment on dance les Bouffons.

Arbeau.

Presupposez que quatre personnes, soient Soldats ou Ama-
zones, ou deux d'vn & deulx d'aultres, sont a l'entree de la salle, A. B. C. D. bien proprement habillez.

Capriol.

Ie les ymagine comme vous dictes, que feront ils?

Arbeau.

Premierement A. entrera seul, & en maniant son espee a
mesures, fera vne ronde par la salle, & se viendra presenter a
l'entree, mettant la poincte de son espee contre le plancher,
comme s'il vouloit appeller au combat ses cópagnons: Ce fait

Il recommencera vne ronde, & B. le suyura, a la fin de la
ronde , appellera ses compagnons:Lors A. B. recommence-
ront vne ronde, & C. les suyura.lequel fera comme les deux
aultres auront fait:Puis tous trois feront vne ronde, & D. qui
est le quatrieme les suyura:Et quand ceste quatrieme ronde sera finie, & qu'il ny aura plus personne a entrer, ils feront vne
ronde tout au contraire de la premiere,& a la cadance de ceste
ronde renuersee , ils se treuueront plantez en escadron pour
commencer les passages de leurs batteries , & se treuueront
ainsi,car ils ont premierement fait leur ronde,le pied gaulche
en dehors.

D. C.

A. B.

L'air des Bouffons est notoire a vn chacun: Le voicy notté
entierement iusques a sa cadance,& les ioueurs le repetét touf
iours,tant en faisant les rondes que les passages.

Air des Bouffons.

Capriol.

Quels mouuements feront ces quatre ainsi campez?

Arbeau.

Il vous fault encore sçauoir , que tout ainsi que les ioueurs
d'instruments continuét de sonner iusques a la fin l'air cy des-

sus, aussi les quatre danceurs continuent de dancer les mesmes
mouuements, soit en cheminant quand ils font les rondes, soit
en s'arrestant quand ils font leurs batteries.

Capriol.

Les mouuements sont ils fascheux a faire?

Arbeau.

Vous les treuuerez tresfaciles, comme il appert en la tabulature cy dessoubz, qui se dance par mesure binaire legiere.

Air des Bouffons.　　Mouuements pour les dancer.

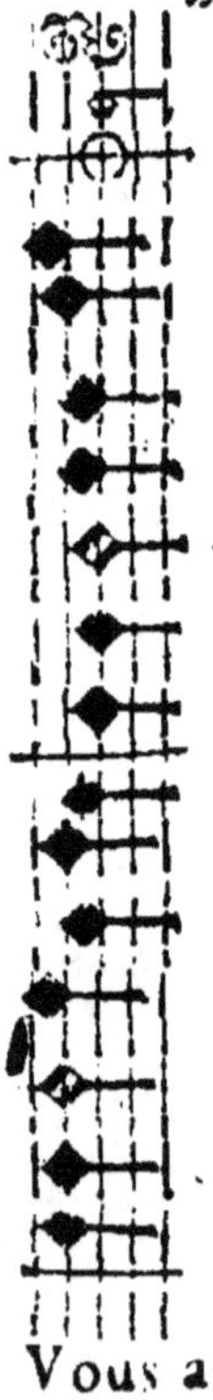

greue gaulche.

pied en l'air droit.
pied en l'air gaulche.
greue droicte.
pied en l'air gaulche.
pied en l'air droit.

greue gaulche.

pied en l'air droit.
pied en l'air gaulche.
greue droicte.
pied en l'air gaulche.
pied en l'air droit.

Tant que la dance dure, iusques a ce que tout soit fait & finy, il ny a point d'aultres mouuemets, q les greues qui emportent chacune deux minimes noires. & deux pieds en l'air qui emportent chacun vne minime noire.

Vous auez les pas & mouuements des Bouffons, apprenez
maintenant les gestes que l'on y fait és passages des batteries,
lesquelles il fauldra faire immediatement aprez les rondes, &
vous souuiendrez qu'à la fin d'vn passage, il fault faire vne ronde le pied gaulche en dehors, puis la renuerser & retrograder

ledit pied gaulche en dedans, auant que commencer le passage
qui doit suyure, chose qui sert beaucoup aux quatre danceurs,
car pendant qu'ils font la ronde, & qu'ils l'a retornent, ils me-
ditent au passage qu'ils ont a faire, & se remettent en ceruelle.
Ainsi que les danceurs A. B. C. D. sont disposez, A. est viz a
viz de D. & battra contre ledit D. & par fois contre B. qui
est a sa droicte: Et au semblable C. se treuuera viz a viz de B. &
battra contre ledit B. & par fois contre D. Et notterez que les
mesmes gestes que fait A. ces mesmes doit faire C. & par ainsi la tabulature propre au danceur A. seruira pour le danceur
C. comme voiez icy dessoubz.

A. combat contre D.   C. combat contre B.
& contre   B.   & contre   D.

Gestes du premier passage.

Air.

feincte.   A faict feincte auec D.

taille haulte.   A. donne contre D.

reuers hault.   A. donne encore contre D. puis il faict
                      trois quarts de tour de son cousté gaul-
                      che, & donne ceste taille basse contre B.
taille basse.

                      A. fait vn tour a sa main droicte, en
                      dehors, & donne encore audit B.
reuers bas.   ce reuers bas.

   La page suyuante vous enseignera le reste des
gestes de ce premier passage.

Air.	*Geſtes.*	
	taille haulte,	A. *donne encore contre* B. *ceſte taille haulte, puis torne trois quarts de tour a ſa main droicte en dehors, & donne contre* D. *ce reuers bas.*
	reuers bas.	
	taille haulte,	A. *donnera encore contre* D. *vne taille haulte, & changera de place auec* D.

Aprez que A. & D. ont changé de place, & que C. & B. ont auſſi changé de place en meſme inſtant, les quatre danceurs ſe treuueront ainſi diſpoſez.

A. B.

D. C.

A. battra maintenant contre B. & par fois contre D. & C. battra contre D. & par fois contre B. & feront les meſmes geſtes & batteries que cy deſſus, & quand ils auront changé de place, ils ſe treuueront campez ainſi:

B. A.

C. D.

A. fera les geſtes que nous auons dit au cõmencement, contre D. & par fois contre B. comme auſſi fera C. contre B. & quãd ils auront changé de place, ils ſe treuueront ainſi poſez.

C. D.

B. A.

A. battra

A. battra contre B. & par fois contre D. comme auſſi C. contre D. & par fois contre B. & quand ils auront changé de place, les danceurs ſe treuueront ainſi poſez.

D.   C.

A.   B.

Vous voyez que les quatre danceurs ſont poſez comme ils eſtoient au commencement, parquoy leur premier paſſage eſt accomply, & doibuent ſans intermiſſion, faire leur rôde & retour d'icelle pour commencer le ſecond paſſage, que l'on appelle paſſage des trois coups.

Capriol.

Ie ferois bien les geſtes de A. & de C. mais vous ne m'auez point dit quelz geſtes doibuent tenir D. & B.

Arbeau.

Les meſmes que A. & C. & ny a difference, ſinon que quand A. & C. font trois quarts de tour en dehors a la gaulche, D. & B. doibuent faire ſeullement vn quart de tour a la droicte, & quand A. & C. font vn tour en dehors a la gaulche, D. & B. doibuent faire ledit tour a la droicte: Les aultres paſſages vous les apprendrez tout a loiſir.

Capriol.

Ie ne treuueray guieres de maiſtres ny de compagnons q̇i m'enſeignent les aultres paſſages, comme ils pourront faire les aultres branles, parquoy ie vous prie les m'apprendre, car i'eſpere quelque iour en faire vne iolie maſcarade, pour donner plaiſir a ma maiſtreſſe.

Arbeau.

Ie le veulx bien: Suppoſez donc que les quatre danceurs ſont diſpoſez (aprez leur ronde) comme au commencement, ils feront le paſſage ſuyuant, que l'on appelle les trois coups.

c

Paſſage des trois coups.

A, battra contre D. & C. battra contre B.

Geſtes du ſecond paſſage.

Air.

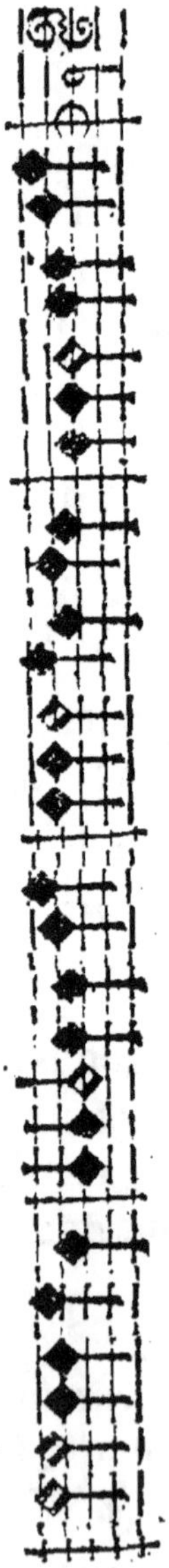

taille haulte.

reuers bas.

taille haulte.

A. donne ces trois coups contre D. puis paſſent a leurs mains droictes & changent de place l'vn l'aultre, C. fait de meſme contre B.

taille haulte

reuers bas.

taille haulte.

A donne ces trois coups contre B. puis paſſent & changent de place l'vn l'aultre, C. & D. font de meſme.

taille haulte.

reuers bas.

taille haulte.

A. donne ces trois coups contre D. puis paſſent & chăgĕt de place l'vn l'aultre, C. fait de meſme contre B.

taille haulte.

reuers bas,

taille haulte.

A. donnera ces trois coups contre B. puis paſſent & chăgĕt de place l'vn l'aultre, C. & D. font de meſme, & ainſi les quatre danceurs ſe retreuuent diſpoſez comme au commencement.

Ce q̃ deſſus ſe repete quatre fois, & font la róde.

Paſſage des quinze coups.

Geſtes du troiſieme paſſage.

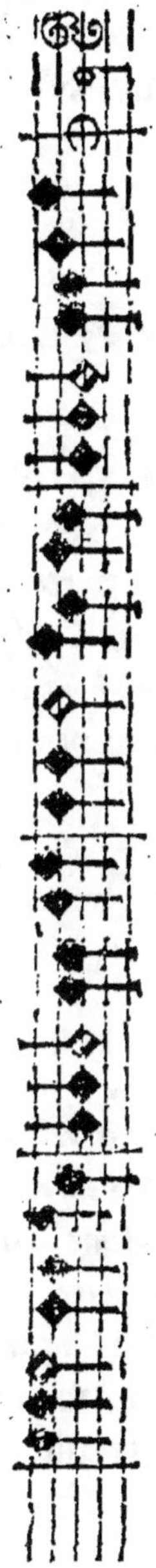

Air.

taille haulte. A. *le viſage torné en dedans, donne cō-*
tre D *qui a le viſage torné en dehors.*

reuers bas. A. *donne contre* B. *qui a le viſage tor-*
né en dehors.

taille haulte. A. *encore contre* D.

reuers bas. A. *encore contr.* B.

taille haulte. A. *torne viſage en dehors , & donne*
contre B *qui le torne en dedans.*

reuers bas. A *donne contre* D. *torné dedans.*

taille haulte. a. *donne encore contre* B.

reuers bas. a. *donne encore contre* D.

taille haulte. a *le viſage torné en dedans, donne cō-*
tre D. *qui a le viſage torné en dehors.*

reuers bas. a. *donne contre* B. *qui a le viſage tor-*
né en dehors.

taille haulte. a *encore contre* D.

reuers bas. a *encore contre* B.

taille haulte. a. *torne viſage en dehors , & donne*
contre B *qui le torne en dedans.*

reuers bas. a. *donne contre* D. *torné dedans.*

taille haulte. a *donne contre* B. *paſſẽt & changent*
de place a leurs mairs droictes.

Ce fait , a. le viſage en dehors , battra contre D.
qui tornera le viſage en dedans, & repeteront
pour faire quatre cadances.

Air.

Suppolé qu'aprez la ronde faicte, les quatre dáceurs le treuuét rangez cóme au cómencemét.

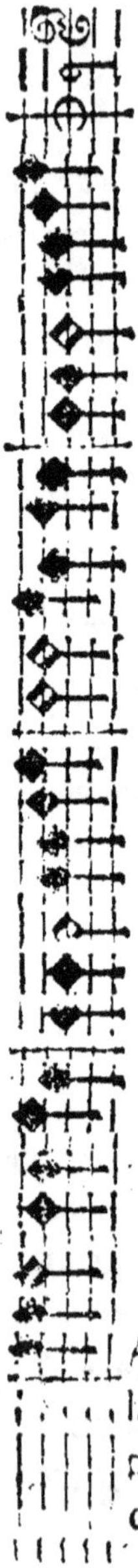

taille haulte.

a. donne contre D. & C. donne contre B.

reuers hault.

a donne encore contre D. & C contre B.

taille balfe.

a donne encore contre D. & C. contre B.

coude retiré,

tous les quatre a. B. C. D. retirent
leur coudes en derrier, & s'entredon-
nent eltocades contre leurs boucliers.

eltocade.

taille haulte.

a. donne contre D. & C. contre B.

reuers hault.

a donne encore contre D. & C. contre B.

taille balfe,

a donne contre D & C contre B.

coude retiré.

tous les quatre a. B. C. D. retirent
leur couldes en derrier, & s'entr don-
nans eltocades, palfenta leurs mains
droictes & changent de place.

eltocade.

A maintenant batra contre B. & D contre C. pour
la deuxiefme cadance, puis repeteront comme auparauant & aprés ces quatre cadances le treuueróc
dilpolez comme au commencement.

Paſſage du Baſtion.

Air.

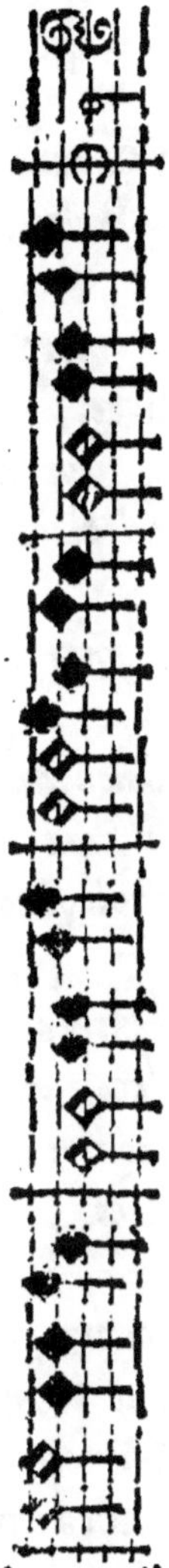

Geſtes du cinquieſme paſſage.

Suppoſé que les quatre danceurs ſont rengez comme au commencement, D. & B. ſe mettront le cul l'vn contre l'aultre.

taille haulte. a. contre D & C. contre B,

reuers bas. a. contre B & C. contre D.

taille haulte. a. contre D. & C contre B. & en paſſant changent de place.

taille haulte. a. contre B, & C contre D.

reuers bas. a. contre D. & C contre B.

taille haulte. a. contre B & C. contre D. & en paſſant changent de place.

taille haulte. a. contre D. & C. contre B.

reuers bas. a contre B. & C. contre D.

taille haulte. a contre D. & C. contre B. & en paſſant changent de place

taille haulte. a. contre B, & C. contre D.

reuers bas. a contre D. & C. contre B.

taille haulte. a. contre B & C. contre D. & en paſſant changent de place.

Aprez l'air de ceſte cadance reppeté quatre fois, les quatre danceurs ſe treuuent diſpoſez comme au commencemét: Lors ſans intermiſſion, ils font leurs rondes, comme cy deuát a eſté dit, pour ſe preparer au ſixieme paſſage.

Air. *Geſtes du ſixieme paſſage.*

taille haulte.   a. battra contre D. & C. contre B. & en paſſant a leurs mains droictes, changeront de place.

reuers bas.   a. battra contre B & C. contre D. & en paſſant changeront de place.

taille haulte.   a. battra contre D. & C. contre B. & en paſſant changeront de place.

reuers bas.   a. battra contre B & C. contre D. & en paſſant changeront de place, & ſe retreuueront comme au cõmencement.

taille haulte.   a battra contre D. & C. contre B. paſſeront & changeront de place comme deſſus.

reuers bas.   a. battra contre B. & C. contre D. & en paſſant changeront de place.

taille haulte.   a. battra contre D. & C. contre B. & en paſſant changeront de place.

reuers bas.   a. battra contre B. & C. contre D. & en paſſant changeront de place, & ſe retreuueront comme au commencement.

Fault maintenant renuerſer la haye, parquoy a. donnera contre B. & C. contre D. pour la deuxieme cadance, puis repeteront comme au parauant ladicte haye & ſon reuers, pour la troiſieme & quatrieme cadances, & le tout fait, ſe retreuueront diſpoſez comme au commencement, puis ſe retireront.

Capriol

Monſieur Arbeau, ie vous mercie de la peine qu'auez priſe à m'enſeigner la dance.

Arbeau.

Ie deſirois auoir peüe eſgaller l'effect a ma bonne affection, que prendrez de bonne part, attendant que ie vous recite les airs & mouueméts de pluſieurs balletz de maſcarades faictes en ceſte ville, dont nous traicterons en vne ſeconde partie a nóſtre premier loyſir: Ce pendant practiquez les dances hon-neſtement, & vous rendez compagnon des planettes qui dá-cent naturellement, & de ces Nymphes que M. Varron dit auoir veu en Lydie ſortir d'vn eſtang au ſon des fluttes, dácer, puis rentrer deans leur eſtang, & quand vous aurez dancé auec voſtre maiſtreſſe, vous vous remetrez dedans le grand eſtang de voſtre eſtude, pour y proffiter, comme ie prie Dieu vous en donner la grace,

MOÏSE OU DARWIN?

TROIS CONFÉRENCES POPULAIRES

Offertes aux réflexions de tous ceux qui cherchent la vérité

PAR

Le D_r Arnold DODEL

PROFESSEUR ORDINAIRE DE BOTANIQUE A L'UNIVERSITÉ DE ZURICH

Membre honoraire
de la *Royal-Microscopical Society of London* et de l'*Union suisse d'Apiculture*
Vice-président de la Société des Libre-Penseurs allemands.

Traduit, avec l'autorisation de l'auteur, sur la troisième édition allemande

PAR

CH. FULPIUS

Président de la Société des Libre-Penseurs de la ville de Genève

PARIS

LIBRAIRIE C. REINWALD

SCHLEICHER FRÈRES, ÉDITEURS

61, Rue des Saints-Pères, 61

MOÏSE OU DARWIN?